ÖSTERREICHISCHE AKADEMIE DER WISSENSCHAFTEN
PHILOSOPHISCH-HISTORISCHE KLASSE
SITZUNGSBERICHTE, 477. BAND

VERÖFFENTLICHUNGEN DER IRANISCHEN KOMMISSION
HERAUSGEGEBEN VON MANFRED MAYRHOFER
NR. 20

N. RASTEGAR – W. SLAJE

UTO VON MELZER (1881–1961)

Werk und Nachlaß eines österreichischen Iranisten

VERLAG
DER ÖSTERREICHISCHEN AKADEMIE DER WISSENSCHAFTEN
WIEN 1987

Vorgelegt von w. M. Manfred Mayrhofer in der Sitzung am 15. Jänner 1986

ISBN 3 7001 0804 4

Fotosatz und Druck: R. Spies & Co., A-1050 Wien

UTO VON MELZER
18. 10. 1881–22. 2.1961

INHALT

GELEITWORTE (H. MITTELBERGER, M. MAYRHOFER) 5

1. ABKÜRZUNGEN UND ZITIERTE LITERATUR 7

2. VORBEMERKUNG 13

3. UTO VON MELZER (W. SLAJE) 15

4. DER HANDSCHRIFTLICHE NACHLASS (N. RASTEGAR). 20

4.1. Fachliche Bewertung 20

4.2. Chronologisches Verzeichnis 23

4.2.1. Griechisch 23

4.2.2. Spanisch 23

4.2.3. Arabisch 24

4.2.4. Mittelpersisch 24

4.2.5. Neupersisch 25

4.2.5.1. Literatur 25

4.2.5.2. Lexikographie 46

4.2.5.2.1. Persisch - Deutsch 46

4.2.5.2.2. Deutsch - Persisch 48

4.2.6. Reproduzierte Vorlagen 48

4.2.7. Biographisches Material 50

5. BIBLIOGRAPHIE UTO VON MELZER (W. SLAJE) 51

5.1. Iranistik 51

5.1.1. Rezensionen 52

5.2. Weltanschauliche Schriften, Gedichte 53

5.3. Lehrbücher. 55

6. DIE NACHGELASSENE BIBLIOTHEK (W. SLAJE) 56

6.1. Handschriften 57

6.2. Druckschriften 57

7. NAMEN- UND TITELREGISTER ZUM HANDSCHRIFTLICHEN NACHLASS (N. RASTEGAR). 101

7.1. Transkriptionstabelle 113

8. ABBILDUNGEN 115

GELEITWORTE

Als ein Vertreter der Indogermanistik an der Karl-Franzens-Universität Graz empfinde ich besondere Freude, daß ich zur Vorstellung einer Kostbarkeit ein Geleitwort schreiben darf, die geeignet ist, Graz wieder zu einem Zentrum iranistischer Forschung in Europa zu machen. Dem Spürsinn und Einsatz des jungen an der hiesigen Universitätsbibliothek wirkenden Indologen Dr. W. Slaje verdanken wir, daß das Lebenswerk des im Verborgenen arbeitenden und weithin unbekannten Iranisten und Semitisten Dr. Uto von Melzer (1881–1961) wiederentdeckt wurde und fruchtbar gemacht werden kann. Dieses Lebenswerk gipfelt in mehr als 20.000 sorgfältig geschriebenen, großteils druckfertigen Seiten persischer Texte mit deutscher Übersetzung und etwa 4.500 Seiten Arbeiten an einem persisch-deutschen und deutsch-persischen Wörterbuch. Dieser gewaltige Nachlaß wurde von Herrn Dr. N. Rastegar aus Wien in mühevoller Arbeit gesichtet, geprüft und bearbeitet. Daß dies möglich wurde, dafür gebührt aufrichtiger Dank dem Indogermanisten der Universität Wien, Herrn Univ.-Prof. Dr. h. c. Dr. M. Mayrhofer, wirklichem Mitglied der Österreichischen Akademie der Wissenschaften, zu dessen Forschungsschwerpunkten die Iranistik zählt; er hat die nötige zeitliche Freistellung für die Bearbeitung in Graz gewährt und von allem Anfang an das Unternehmen unter seine Fittiche genommen. Dank gebührt ferner dem Direktor der hiesigen Universitätsbibliothek, Herrn Hofrat Dr. F. Kroller, der in seinem Wirkungsbereich in gleicher Weise allen Mitarbeitern Hilfe und Förderung zukommen ließ.

Die Iranistik war einmal in Graz glanzvoll vertreten. Möge das wiederentdeckte Lebenswerk eines Iranisten dazu beitragen, daß Graz wieder ein Schwerpunkt iranistischer Forschung wird!

O. Univ.-Prof. Dr. Hermann Mittelberger
Karl-Franzens-Universität Graz
Institut für Sprachwissenschaft
Abteilung für Vergleichende Sprachwissenschaft

Der Herausgeber dieser Publikationsreihe fühlt sich dem vorliegenden Buch auf eine tiefere Weise verbunden als den so verschiedenartigen Schriften, die diesem Band der *Veröffentlichungen der Iranischen Kommission* vorangegangen sind. Die allmähliche Erschließung des riesigen Nachlasses UTO VON MELZERS durch die beiden Autoren hat mich in eine weit zurückliegende Zeit versetzt, in das Jahr 1947, in dem ich als junger Student der Universität Graz diese eindrucksvoll-vornehme Persönlichkeit kennenlernen durfte; Idealismus und unbedingte Hingabe an das Geistige, Kennmale einer versunken geglaubten Welt, schien sie zu verkörpern. In den nicht vergeßbaren Gesprächen mit MELZER war oft und oft die Rede von den Übersetzungen persischer Texte, den anwachsenden Teilen eines persisch-deutschen Wörterbuches – und von der nagenden Sorge, der Verfasser werde nicht lang genug leben, um diese vielen Arbeiten noch dem Druck übergeben zu können.

MELZER blieb für mich Erinnerung, nachdem ich 1953 Österreich für mehr als dreizehn Jahre verlassen hatte; im Zusammenhang mit dem merkwürdigen Büchlein, mit dem der für die Wissenschaft seit 1940 Verstummte 1956 noch einmal sein Schweigen brach, tauchte sein Name in einigen Briefen und Anfragen wieder auf. Seinen Tod habe ich wohl nicht erfahren; das Werk, an dem sein Herz hing, schien verschollen.

Es ist das große Verdienst WALTER SLAJES, diesen Nachlaß wieder ans Licht gebracht zu haben. In dem vorliegenden Band werden die Persönlichkeit, das veröffentlichte Werk und die gewaltige Hinterlassenschaft vorgestellt. Dabei ersteht ein fast ganz übersehenes Bild österreichischer Gelehrtengeschichte, und in der Besinnung auf MELZERS mitteliranistische Arbeiten wird ein Kapitel der Iranistik-Historie neu geschrieben, das gerade dort fasziniert, wo – in der Frage der Semitismen im Mittelpersischen – diesem ungewöhnlichen Manne das gefiel, was die Götter verwarfen: die *victa causa.*

MANFRED MAYRHOFER

1. ABKÜRZUNGEN

alphab.	alphabetisch
Anm.	Anmerkung
Aufl.	Auflage
Ausg.	Ausgabe
b.	bin (ibn)
Bd	Band
Bde	Bände
beil.	beiliegend
Bl.	Blatt, Blätter
d. i.	das ist
dat.	datiert, Datum
do	dito
dt.	deutsch
Ed.	Edition
erg.	ergänzt
Erl.	Erläuterung
geb.	gebunden
Ges.	Gesellschaft
Ir	*Īrān*
JA	*Journal asiatique*
Jg	Jahrgang
JRAS	*Journal of the Royal Asiatic Society of Great Britain and Ireland*
maschinens.	maschinenschriftlich
mm	millimeter
mp	mittelpersisch
n.	nach
Nr.	Nummer
pag.	paginiert
PGM	*Petermanns Geographische Mitteilungen*
Reg.	Register

s.	siehe
S.	Seite(n)
Sign.	Signatur
SJ	*Schiller-Jahrbuch*
s. o.	siehe oben
s. u.	siehe unter
teilw.	teilweise
UBG	Universitätsbibliothek Graz
Übers.	Übersetzung
undat.	undatiert
unvollst.	unvollständig
verb..	verbessert
vgl.	vergleiche
vgl. a.	vergleiche auch
vollst.	vollständig
WZKM	*Wiener Zeitschrift für die Kunde des Morgenlandes*
ZDMG	*Zeitschrift der Deutschen Morgenländischen Gesellschaft*
ZGE	*Zeitschrift der Gesellschaft für Erdkunde zu Berlin*
ZII	*Zeitschrift für Indologie und Iranistik*
ZS	*Zeitschrift für Semitistik und verwandte Gebiete*

Die Abkürzung aller weiteren Sprachen erfolgt durch das Weglassen des Morphems -isch.

ZITIERTE LITERATUR

Anǰavi Šīrāzī (1876)	Anǰavi Šīrāzī, Jamāl ad-dīn Ḫusain Mulaqib be ʿAzad'ul-daula: Farhang-i J̌ahāngīrī. Ǧild 1.2. Lakhnū 1293 h. [1876].
Bahār-i ʿaǰam (1893)	Bahār: Bahār-i ʿaǰam. Ǧild 1.2. 2. Aufl. Lakhnū 1311/12 h. [1893].
Borst (1969)	Borst, Gert: Die Ludendorff-Bewegung 1919–1961. Diss. München.
Brockhaus (1854/1860)	Brockhaus, Hermann: Die Lieder des Hafis. Pers. m. dem Comm. des Sudi hrsg. Bd 1–3. Leipzig.
Browne (1891)	Browne, Edward Granville: A traveller's narrative written to illustrate the episode of Bāb. Ed. in the original Persian, and transl. . . . Cambridge.
Browne (1905/06)	Browne, Edward Granville: Mas'úd-i-Sa'd-i-Salmán by Mírzá Muhammad b. ʿAbdu'l Wahháb of Qazwín. *JRAS* (1905) 693–740; (1906) 11–51.
Christensen (1918)	Christensen, Arthur: Contes persans en langue populaire, publ. avec une trad. et des notes. København. (*Kgl. Danske Vidensk. Selskab. hist.-fil. Meddelelser.* 1, 3.)
Codices selecti	Codices selecti phototypice impressi. 35 (1972). Graz.
Defrémery (1845)	Defrémery, Charles François: Mir Khwānd. Histoire des Samanides, par Mirkhond. Texte persan trad. . . . Paris.
Desai (1978)	Desai, Z. A.: The identity and time of the patron of the Persian translator of the Hitopadesha. (Indo-Iranica 31, 1.2 [1978] 102–111.)
Dorn (1850)	Dorn, Bernhard: Die Geschichte Tabaristan's und der Serbedare nach Chondemir. Pers. u. deutsch. St. Petersburg. *(Mémoires de l'Acad. des Sciences de St. Petersbourg.)*
Dorn (1875)	Dorn, Bernhard: Caspia. St. Petersburg. (*Mémoires de l'Acad. des Sciences de St. Petersbourg.* Sér. 7. T. 23, 1.)
Ethé (1872)	Ethé, Hermann: Firdusi als Lyriker. München. (*Sitzungsberichte d. philos.-philol. u. hist. Kl. d. k. Akademie d. Wiss. zu München.* 3.)

ETHÉ (1873)	ETHÉ, HERMANN: Beiträge zur Kenntnis der ältesten Epoche neupersischer Poesie. Rûdagî, der Sâmânidendichter. (*Nachrichten v. d. k. Ges. d. Wiss. u. d. G. A. Univ. zu Göttingen.* 25 [1873] 663–742.)
ETHÉ (1879/80)	ETHÉ, HERMANN: Nâsir Chusrau's Rûs'anâinâma oder Buch der Erleuchtung. *ZDMG* 33 (1879) 645–665; 34 (1880) 428–464, 617–642.
FAGNAN (1880)	FAGNAN, EDMOND: Le livre de la félicité, par Nâçir ed-Dîn ben Khosroû. *ZDMG* 34 (1880) 643–674.
Farhang-i anǧuman ārāy (1869)	RIḌĀ ḲULĪ ẖĀN: Farhang-i anğumanārā-yi Nāṣirī. Teheran 1268 h. [1869].
FLUEGEL (1865/67)	FLUEGEL, GUSTAV: Die arabischen, persischen und türkischen Handschriften der kaiserlich-königlichen Hofbibliothek zu Wien. Bd 1–3. Wien.
FURŪĠĪ (1937)	SA'DĪ, MUṢLIḤ-AD-DĪN: Gulistān. [Hrsg. v.] MUḤAMMAD 'ALĪ FURŪĠĪ. Teheran: Brūẖīm 1316 h.š. [1937].
Ġiyātu'l Luġāt (1880)	ĠIYĀṬU'D-DĪN MUḤAMMAD: Ġiyātu'l Luġāt. Bombay.
GUIDI (1900)	GUIDI, IGNAZIO: Tables alphabétiques du Kitâb al-aġânî. Leide.
Haft Qulzam (1891)	QABŪL MUḤAMMAD, MAULAVĪ: Haft Qulzam. 1–7. 2. Aufl. Lakhnū.
HA'ĪM (1929/31)	HA'ĪM, SULAIMĀN: Farhang-i-ğāmi'-i-inglīsi-i-fārsi. Ğild 1. 2. Teheran.
HAUG (1870)	HAUG, MARTIN: Essay on the Pahlavi language. From the Pahlavi-Pazand glossary ed. . . . Stuttgart.
HERTEL (1918–1921)	HERTEL, JOHANNES: Die Akẖlāq-ĕ hindī und ihre Quellen. 1–3 (*ZDMG* 72 [1918], 65–86; 74 [1920], 95–117; 75 [1921], 129–200).
HUART (1926)	HUART, CLÉMENT: Le livre de Gerchàsp. Publ. et trad. T. 1. Paris.
Īrān (1927/29)	Akad. Nauk SSSR. Iran. 1–3. Leningrad.
Īrān (1934/41)	[Hrsg.:] MAǦĪD MŪWAQAR. Šumāra 4306–6570. Teheran.
ĪRĀNĪ (1933)	ĪRĀNĪ, D.: Sukhanvarān-i daurān-i Pahlavī. Bombay.
Īrānšahr	Īrānšahr. Maǵalla-i-muṣawwar 'ilmī wa-adabī . . . Red.: HOSSEIN KAZEMZADEH. Sāl 1–4. Berlin-Wilmersdorf 1922–1924. 1926.
KHANIKOFF (1864)	KHANIKOFF, N. DE: Mémoire sur Khâcâni, poete persan du 12. siècle. *JA* Sér. 6, T. 4 (1864) 137–200.

Lochner (1976) — Lochner von Huettenbach, Fritz: Das Fach Vergleichende Sprachwissenschaft an der Universität Graz. Graz. (*Publikationen aus dem Archiv der Univ. Graz.* 5.)

Melzer (1907) — Melzer, Uto: Die Fragen aus dem Deutschen Volkstum für das Bundeswetturnen in Innsbruck. Mit Erl. vers. v. Uto v. Melzer u. Heinrich Walter. Wien.

Melzer (1956) — Melzer, Uto: Sechzehnhundert Sätze Persisch. Wiesbaden.

Nāṣir-i-Ḫusrau — Nāṣir-i-Ḫusrau: Safarnāma-i-ḥakīm Nāṣir-i-Ḫusrau ba-inḍimam-i-Rūšanā'īnāma wa-Sa'ādatnāma. Berlin 1340–1341 [1922].

Nicholson (1898) — Nicholson, Reynold Alleyne: Selected poems from the Dīvāni Shamsi Tabriz. Ed. and transl. Cambridge.

Platts (1874) — Sa'dī, Muṣliḥ-ad-Dīn: Gulistān. [Hrsg. v.] John Platts. London.

Rosenzweig (1858/64) — Rosenzweig-Schwannau, Vincenz R. von: Der Diwan des großen lyrischen Dichters Hafis. Im pers. Original hrsg., ins Deutsche metrisch übers. u. m. Anm. vers. Bd 1–3. Wien.

Ross (1924) — Ross, E. Denison: Rudaki and Pseudo-Rudaki. *JRAS* (1924) 609–644.

Rypka (1968) — Rypka, Jan: History of Iranian literature. Written in collab. with . . . Transl. from the German . . ., enlarged and rev. by the authors. Dordrecht.

Sachau (1871) — Sachau, Edward: Neue Beiträge zur Kenntnis der zoroastrischen Litteratur. Wien. (*Sitzungsberichte d. phil.-hist. Cl. d. k. Akad. d. Wiss.* 67 [1871], 805–852).

Sacy (1818) — Sacy, Silvestre de: L'électure des cœurs, ou traduction persane du livre indien intitulé Hitoupadeśa, par Tadj-eddin. (*Notices et extraits des manuscrits de la Bibliothèque du Roi* 10 [1818], 226–264.)

Sa'dī — Sa'dī, Muṣliḥ-ad-Dīn: [Werke] Kullījāt. Tabriz [um 1885].

Sa'dī — Sa'dī, Muṣliḥ-ad-Dīn: [Werke] Kullījāt. Teheran: Adab 1317 [1939].

Schefer (1876) — Schefer, Charles: Relation de l'Ambassade au Kharezm (Safāratnāmeh). Publ., trad. et annoté. Paris. (*Publications de l'Ecole des langues orientales vivantes.* 3.)

SCHEFER (1883/85)	SCHEFER, CHARLES: Chrestomathie persane à l'usage des élèves de l'Ecole spéciale des langues orientales vivantes. 1. 2. Paris. (*Publications de l'Ecole des langues orientales vivantes*. Sér. 2, vol. 7. 8.)
SCHEFER (1891)	SCHEFER, CHARLES: Siasset Namèh. Traité de gouvernement. Texte persan ed. Paris. (*Publications de l'Ecole des langues orientales vivantes*. 3, 7.)
SELIGMANN (1859)	SELIGMANN, FRANZ ROMEO: Codex Vindobonensis sive medici Abu Mansur Muwaffak bin Ali Heratensis Liber fundamentorum pharmacologiae. Vindobonae.
VULLERS (1877/84)	VULLERS, JOHANN AUGUST: Firdusii liber regum qui inscribitur. Ed. . . . T. 1–3. Lugduni Batavorum.

2. VORBEMERKUNG

Die Erschließung eines Gelehrtennachlasses gehört im allgemeinen zu den weniger erfreulichen Tätigkeiten im Wissenschafts- und Bibliotheksbetrieb.

Im gegenständlichen Fall wurde uns noch von seiten des Nachlassers große Hilfe zuteil, da er der Universitätsbibliothek Graz im Jahre 1960 sein wissenschaftliches Œuvre in einer unter Berücksichtigung des gewaltigen Umfangs als mustergültig zu bezeichnenden Ordnung übergeben hatte.

Zur Aufklärung der biographischen Verhältnisse konnte Uto Laur (Graz), der Neffe des Verstorbenen, beitragen, der zudem die Freundlichkeit besaß, biographische Daten sowie Briefe und Photos beizubringen, wofür ihm ausdrücklich Dank ausgesprochen sei. Darüber hinaus wurde uns vom Steiermärkischen Landesarchiv die Einsichtnahme in den Personalakt Melzer (AZ: 7 ME 61/18. 10. 81) ermöglicht. Weitere Unterstützung erfuhren wir durch Auskünfte vom Grazer Universitätsarchiv und vom Hof- und Staatsarchiv in Wien.

Besondere Probleme warf die Rekonstruktion von Melzers der UBG testamentarisch nachgelassener Bibliothek auf: Sie wurde nicht geschlossen aufgestellt, sondern im Verlauf der vergangenen 25 Jahre sukzessive in den Gesamtbestand der Hauptbibliothek integriert. So konnte nur durch zeitraubende Durchsicht von Inventarbüchern, Standortregistern und Katalogen sowie Recherchen in den Magazinen ein hoffentlich vollständiges Verzeichnis zustande gebracht werden. Für die bereitwillige Hilfe beim Nachweis der dezentralen Bestände sei Dr. B. Scholz (Univ. Graz) gedankt. Besonderes Verdienst erwarb sich Irmgard Trummler (UBG) durch ihre kollegiale Beteiligung an der mühsamen Rekonstruktion und durch die teilweise Rekatalogisierung der nachgelassenen Bibliothek, wobei die Sachkenntnis von Dr. E. Eisendle (UBG) wesentlich zum guten Gelingen beitrug.

Eine nun möglich gewordene Sonderaufstellung der Bibliothek zusammen mit dem handschriftlichen Nachlaß Melzers wird erwogen.

Die durch unaufschiebbare andere Verpflichtungen der Unterzeichneten provozierte zeitliche Verzögerung dieses Verzeichnisses konnte von Eva Slaje abgewendet werden, die einsichtsvoll die Reinschrift des Manuskripts übernahm. Ihre Genauigkeit half manche Inkonsequenz und manches Versehen zu vermeiden.

Letztlich ist es aber dem wissenschaftsgeschichtlichen Interesse und der Aufgeschlossenheit von Univ.-Prof. Dr. Dr. h. c. MANFRED MAYRHOFER zu verdanken, daß durch die vorliegende Publikation der orientalischen und besonders der iranistischen Forschung nun die Möglichkeit geboten wird, UTO VON MELZER den ihm gebührenden Platz in der Geschichte der mittel- und neupersischen Philologie zuzuweisen.

Graz und Wien, im Oktober 1985 W. SLAJE N. RASTEGAR

3. UTO VON MELZER

Vor fünfundzwanzig Jahren, am 22. Februar 1961, verstarb unverheiratet im Grazer Landeskrankenhaus ein Gelehrter, der kurz vor seinem Tod die Früchte seines Lebenswerkes in Form von mehr als zwanzigtausend Seiten persischer Texte mit deutscher Übersetzung und rund 4500 Seiten Wörterbucharbeiten nebst 33 Kästen seiner persisch-deutschen und deutsch-persischen Zettelkartei der Universitätsbibliothek Graz zur Aufbewahrung übergeben hatte.

Was Uto von Melzer als Ergebnis seines in bescheidener Zurückgezogenheit gelebten Gelehrtendaseins hier vorgelegt hatte, waren in sauberer Handschrift geschriebene, zum allergrößten Teil druckfertige und meist schön gebundene Endprodukte seines philologischen Schaffens. Wenn es je Vorarbeiten gegeben hatte, so wurden sie – abgesehen von den Zettelkästen – von Melzer noch persönlich vernichtet.

Darüber hinaus hinterließ er der Universitätsbibliothek Graz seine reichhaltige Bibliothek, die sich nicht nur durch eine große Zahl seltener persischer Drucke und Erstausgaben, sondern auch durch ein Manuskript – eine persische Übersetzung des *Hitopadeśa* – auszeichnet.

Zusammen mit seinem handschriftlichen Nachlaß stellen diese Handexemplare eine erstrangige Arbeitsgrundlage für die neuiranistische Forschung dar.

Uto Ottomar Melzer, Edler von Tapferheim[1], wurde am 18. Oktober 1881 in Graz als Sohn des Ignaz Melzer, Edlen von Tapferheim, und der Henriette Sara Rosa Melzer, gebürtige Nagy, geboren. Nach dem Besuch der Volks- und Bürgerschule genoß Uto von Melzer eine Ausbildung an der Lehrerbildungsanstalt in Graz und legte dort im Juli 1900 die Reifeprüfung ab. Seiner späteren Tätigkeit als Lehrer in verschiedenen Grazer Schulen ging eine Verwendung im provisorischen Dienstverhältnis in St. Andrä im Sausal und in Marburg/Drau voran. Diese Zeit vor dem Ersten Weltkrieg war von pädagogischen Aktivitäten geprägt: Melzer wurde Leiter der Jugendspiele einer Knabenbürgerschule, unternahm mit seinen Schülern zahlreiche

[1] Adelsstandserhebung des Großvaters Joseph Melzer am 28. 10. 1830.

Wanderungen und Ausflüge und versuchte durch seine Tätigkeit bei der Grazer Turnerschaft im Jahnschen Sinne *zur völkischen Erziehung in unseren Reihen*[2] beizutragen.

MELZER beginnt, pädagogische Arbeiten sowie Gedichte zu publizieren. All diese Schriften tragen den Zug eines deutschvölkischen Nationalismus, der von MELZERS späteren orientalischen Interessen noch nichts ahnen läßt. Doch auch danach, als die Blüte seiner Übersetzungstätigkeit voll zur Entfaltung kommt, ist die Zweigleisigkeit in MELZERS Schaffen bemerkenswert: Weder von seinen weltanschaulichen und pädagogischen Arbeiten noch von seiner wissenschaftlichen Beschäftigung mit dem Persischen scheint ein Zugang zur jeweils anderen Materie denkbar zu sein. Denn nicht einmal andeutungsweise nimmt MELZER auf seine so verschieden gelagerten Interessen Bezug.

Auch bahnen sich in dieser Zeit die ersten politischen Konflikte an, denen MELZER zeit seines Lebens nicht ausweichen wollte: War es anfangs noch eine antiklerikale und freidenkerische Haltung, die Anlaß für Auseinandersetzungen mit den vorgesetzten Schulbehörden gab, und schließlich unter der Regierung DOLLFUSS 1934 zum Ausschluß aus dem Schuldienst führte, so brachte ihn sein Eintreten für die Ludendorff-Bewegung nach der Machtergreifung durch die Nationalsozialisten sogar in Lebensgefahr. Denn *trotz einer gewissen geistigen Verwandtschaft zwischen Nationalsozialismus und der Ludendorff'schen Weltanschauung (Deutsche Gotterkenntnis) rechneten die Anhänger des Tannenberg-Bundes* [d. i. der von General LUDENDORFF 1927 gegründete weltanschauliche Verein] *die Nationalsozialisten zu ihren schärfsten Gegnern*[3]. Nach mehreren Saalschlachten mit den Nationalsozialisten und aufgrund diverser Anzeigen konnte nur eine kurzzeitige Unterbringung in einer Nervenheilanstalt UTO MELZER vor der Verhaftung durch die Gestapo retten.

Die philologischen Studien begann MELZER nach seiner Entlassung aus dem Kriegsdienst, den er von 1915 bis 1918 in Rußland und Italien geleistet hatte. Mehrere schwere Verwundungen und die damit verbundenen gesundheitlichen Schäden verzögerten seinen Wiedereintritt in den Schuldienst. Er belegte als a.o. Hörer im WS 1919/20 an der philosophischen Fakultät der Universität Graz das Fach Orientalische Philologie. Vom WS 1921/22 an studierte er als ordentlicher Hörer und promovierte am 12. 7. 1923 im 42. Lebensjahr zum Dr. phil. Als Dissertation legte er eine Arbeit über das Mittelpersische vor: *Beiträge*

---

2 MELZER (1907), p. 5.

3 BORST (1969), p. 198.

zur Erklärung der semitischen Wörter im Mittelpersischen, vor allem der semitischen Zeitwörter. Anhang: Ausführliches Verzeichnis der semit. Ztw. im Mp. Er hörte außer bei A. Zauner (Romanist) und H. Spitzer (Philosoph) vor allem bei dem Semitisten Rhodokanakis, dem Sanskritisten Kirste, den Indogermanisten Meringer und Reichelt. Der Letztgenannte war auch sein Doktorvater[4].

Melzers Ausbildung war somit ganz auf semitische Sprachen sowie auf das Altpersische, Mittelpersische und das Altindische ausgerichtet.

Nach seiner Promotion begann Melzer neben seinen Geschichts- und Sprachlehrbüchern der deutschen Sprache zum Gebrauch für Bürgerschulen sowie neben seinen weltanschaulichen und an der Ludendorff-Bewegung orientierten Schriften, wissenschaftliche Arbeiten zu publizieren.

Lag in den zwanziger Jahren der Schwerpunkt noch auf dem Mittelpersischen, so beschäftigte er sich in seinen Veröffentlichungen von den dreißiger Jahren an ausschließlich mit neupersischer Literatur. Bezeichnenderweise brechen seine Veröffentlichungen im Jahre 1940 ab.

Von nun an wird es still um Melzer. Erst im Jahre 1956 – in seinem 75. Lebensjahr – kann eine Phraseologie des Neupersischen aus seiner Feder erscheinen[5].

Von seiner während dieser schweren und stillen Zeit dennoch ungebrochenen Arbeitsleistung gibt Melzers handschriftlicher Nachlaß ein beredtes Zeugnis. Die meisten dieser Arbeiten sind datiert, so daß die Entwicklung seines wissenschaftlichen Interesses gleichsam chronologisch nachvollziehbar wird: Nach frühen Versuchen zur spanischen Idiomatik wendet er sich zunächst dem Mittelpersischen zu. Die wertvollste Frucht dieser Arbeit ist wohl sein vierbändiges mittelpersisch-deutsches Wörterbuch.

1926 beginnen die ersten Abschriften und Übersetzungen neupersischer Literatur. Sollte Melzer nicht schon am Beginn seines Studiums von Johann Kirste (1851–1920), Professor für Sanskrit und erster Fachvertreter der arischen Sprachen und der orientalischen Philologie in Graz[6], in das Neupersische eingeführt worden sein, so ist davon auszugehen, daß er sich autodidaktisch eingearbeitet hatte. Dieser ersten

---

[4] Lochner (1976), p. 54.

[5] Melzer (1956).

[6] Ausführliche Bio-Bibliographie bei Lochner (1976), pp. 79–87.

neupersischen Phase schlossen sich einige Jahre der Beschäftigung mit dem Arabischen an (Ḍuraid ibn aṣ-Ṣimma). Dem folgt ab 1934 eine bis 1957 ununterbrochene Periode von Übersetzungs- und lexikalischen Arbeiten auf dem Gebiet des Neupersischen.

MELZER hatte sich gleichsam durch die gesamte ihm erreichbare neupersische Literatur hindurchgearbeitet. Oft berücksichtigte er unter Heranziehung der verfügbaren Texteditionen, sowie teilweise auch verfilmter Handschriften, variae lectiones sowohl bei der Abschrift als auch in der Übersetzung durch den Gebrauch verschiedenfarbiger Tinte. Stets wurde zuerst der gesamte persische Text abgeschrieben, bevor MELZER sich an die Übersetzung machte. Manche seiner Werke sind auf diese Art lückenhaft geblieben und bedürfen einer Ergänzung oder Überarbeitung.

Von besonderem Wert muß unter Berücksichtigung von MELZERS außerordentlicher Kenntnis der neupersischen Literatur die Tatsache erscheinen, daß er sein gesamtes Textmaterial zusammen mit Stellenangaben verzettelt hatte. Diese Vorarbeiten für ein persisch-deutsches und deutsch-persisches Wörterbuch im Umfang von 33 Zettelkästen wurden von MELZER ebenfalls der Universitätsbibliothek Graz überlassen. Mehrere Versuche, diese lexikalischen Arbeiten in eine endgültige und abgeschlossene Form zu bringen, liegen auf etwa 4500 gebundenen Seiten vor.

Vieles konnte MELZER zum Abschluß bringen, doch an dieser Arbeit war der in mehr als einer Hinsicht unglückliche Mann gescheitert.

Er lenkt mich nicht an einem Gängelband
reicht mir in Nöten rettend nicht die Hand,
war taub und stumm, wenn ich um Schutz gefleht
und Beistand ihn in brünstigem Gebet

schreibt MELZER in einem mit *Gott* betitelten Gedicht[7], um zu schließen:

Wohl dem, der hier auf Erden Gott empfand!
Er findet ihn in keinem andern Land.

UTO VON MELZER war zwar nie im Orient gewesen, doch hatte er – wie aus Briefen hervorgeht – guten Kontakt mit Persern, die ihm gesuchte Werke aus Persien zu verschaffen vermochten. Wenn wir auch

---

[7] *SJ* 1 (1951), p. 46.

nicht wissen, was den erklärten Natur- und Heimatliebhaber dazu bewogen hatte, die Auseinandersetzung mit dem Neupersischen zu suchen, die Tatsache seiner ungeheuren Leistung bleibt bestehen. Eine Leistung, die er in täglicher und nächtlicher Arbeit – während des Zweiten Weltkrieges nur durch Luftangriffe unterbrochen – vollbracht hatte.

Kann es eine angemesseneren Würdigung dieses Mannes geben als diese, daß die iranistische Forschung sich dankbar seines nachgelassenen Lebenswerkes bediene?

4. DER HANDSCHRIFTLICHE NACHLASS

4.1. Fachliche Bewertung

Der umfangreiche Nachlaß des Grazer Iranisten Dr. Uto von Melzer besteht hauptsächlich aus Übersetzungen neupersischer Literatur sowie aus lexikographischen Arbeiten, ferner aus Übersetzungen aus dem Arabischen und kleineren lexikographischen Ansätzen zu einem griechisch-deutschen und einem spanisch-deutschen Wörterbuch. Ferner schließt der Nachlaß einige wertvolle Übersetzungen aus dem Mittelpersischen sowie ein von seiner Anlage und von seinem Umfang her in der mitteliranistischen Forschung einzigartiges vierbändiges mittelpersisch-deutsches Wörterbuch ein.

Darüber hinaus vermachte Melzer im Jahre 1960 kurz vor seinem Tode (1961) der Universitätsbibliothek Graz seine wertvolle Bibliothek, die unter anderem Hunderte von längst vergriffenen neupersischen Werken umfaßt. Zum größten Teil handelt es sich um die zum ersten Mal im Iran, in Indien und in Europa durch namhafte Iranisten des 19. und 20. Jahrhunderts edierten Werke bekanntester persischer Dichter sowie um einige literarische Zeitschriften, die bis dato die sichersten Forschungsquellen für die Iranistik darstellen und die von keiner anderen österreichischen Bibliothek gehalten werden. Sie alle dienten ihm als Vorlage für seine mehr als zwanzigtausend Seiten umfassenden Übersetzungen aus der persischen Literatur.

Ein Verzeichnis dieser für die künftige iranistische Forschung in Europa sehr wichtigen Bibliothek liegt nun vor. Das beiliegende, chronologisch geordnete und – der Natur eines derartigen Œuvres entsprechend – vorläufige Nachlaßverzeichnis Melzer zeigt nicht nur den erstaunlich großen Umfang und nähere Details seiner über mehr als 30 Jahre im stillen geleisteten, wissenschaftlich wertvollen Übersetzungs- und lexikographischen Arbeiten, es stellt zugleich eine vom literaturgeschichtlichen Standpunkt aus fachmännisch getroffene Auswahl dar: Aus den gesammelten Werken und fragmentarischen Schriftstücken namhafter Dichter wie auch aus den Werken jener neupersischen Dichter, die nur wenigen Fachleuten bekannt sind, liegt aus dem Zeitraum zwischen dem 9. und 20. Jahrhundert eine Auswahl von Hunderten neupersischer Autoren vor, die von Melzers tiefem Verständnis der über tausendjährigen neupersischen Literaturgeschichte zeugt und die nur von einigen sehr wenigen Experten und Kennern der Literaturgeschichte getroffen werden kann. Eine nähere Betrachtung des folgenden Nachlaßverzeichnisses wird dies bestätigen.

Noch bedeutsamer wird der wissenschaftliche Wert des Nachlasses durch Melzers exakte und fachmännisch verantwortungsbewußte Arbeitsweise, nicht zuletzt auch durch seine bereits erwähnten gründlichen philologischen Textvorlagen.

Wie man einigen seiner fragmentarischen Arbeiten entnehmen kann, benützte Melzer sowohl für seine lexikographische Tätigkeit als auch für seine deutschen Übertragungen die seit Anfang des 19. Jahrhunderts durch renommierte Iranisten edierten Werke neupersischer Dichter (so das beil. Verzeichnis Nr. **10–48**), schrieb diese mit größter Sorgfalt in persischer (d. i. arabischer) Schrift sauber und schön ab und gab fast immer die jeweils benützte(n) Quelle(n) nach Seiten und Zeilen zitiert an. Zugleich aber räumte er auf der zweiten Hälfte desselben Blattes Platz für die spätere deutsche Übersetzung ein, wobei er bei seinen persischen Abschriften, sofern er über mehrere Editionen eines Werkes verfügte, nicht selten auch die texteditorisch abweichenden Stellen mit verschiedenen Farbtinten (über und unter der jeweiligen Stelle) berücksichtigte. Erst dann, wenn die Abschrift einer Vorlage vollständig geleistet war, übertrug er sie, fast zeilenmäßig vergleichbar, wortgetreu und doch stilistisch gut ausgewogen ins Deutsche, allerdings in Kurrentschrift. So wurden fragmentarisch erhaltene Dichtungen älterer neupersischer Dichter wie Rudagi, Abu Sa'īd Abu Xair usw., große Diwāne, Reiseberichte, medizinische wie auch mystisch-theologische und andere Werke zum größten Teil vollständig oder mit Auslassungen von kleinem Umfang ins Deutsche übertragen. Die einzelnen Übersetzungen wurden entweder gebunden oder liegen als lose, meist geordnete Blätter in gesonderten Mappen vor, vieles davon fast abdruckreif, manches bedarf kleiner Ergänzungen. Qualität und äußere Form des Nachlasses lassen sich allerdings leicht dem beil. Nachlaßverzeichnis entnehmen.

Hervorzuheben ist hier noch die große Bedeutung, welche Melzers lexikographischen Arbeiten sowohl im Bereich des Mittelpersischen als auch in jenem des Neupersischen zuzusprechen ist. Während sein vierbändiges Mittelpersisch-Deutsches Wörterbuch eine beträchtliche Erweiterung der bisher sehr wenigen Ansätze in diesem Bereich ist (etwa die Arbeiten H. S. Nybergs und D. N. Mac Kenzies), können seine umfangreichen Vorarbeiten zu einem Deutsch-Persischen und einem Persisch-Deutschen Wörterbuch dem internationalen Mangel an einem wissenschaftlich fundierten Wörterbuch in diesem Bereich abhelfen. Die einzigen vertretbaren Ansätze in dieser Richtung, etwa das Persisch-Deutsche Wörterbuch JUNKER/ALAVI (DDR) und das trotz beträchtlicher finanzieller Investitionen nur bis zum Buchstaben F gediehene Wörterbuch EILERS (BRD), können den aktuellen Forderungen der Forschung kaum entsprechen. MELZERS lexikographischer Ansatz umfaßt Zehntausende Karteikarten und einige gebundene Bände, die allerdings leider unvollständig geblieben sind. Diese Unvollständigkeit ließe sich sicherlich mit Hilfe seiner alphabetisch geordneten Zettelkartei beheben (für nähere Einzelheiten s. das folgende Verzeichnis Nr. **50–59**).

MELZERS Nachlaß eignet sich aber nicht nur für wissenschaftliche Zwecke im Bereich der Mittel- und Neuiranistik, der Orientalistik und der vergleichenden Sprach- und Literaturwissenschaft. Sein Verdienst liegt gleichermaßen darin, daß er mit seinen deutschen Übersetzungen jedem deutschsprachigen Leser einen tiefen Einblick in die schöne und inhaltsreiche neupersische Literatur ermöglicht. Mit seinem Nachlaß hat Dr. UTO VON MELZER einen wesentlichen Beitrag zur besseren Verständigung zwischen den persisch- und deutschsprachigen Völkern geleistet: hierin liegt sein besonderes Verdienst.

Was die Gestaltung des folgenden Nachlaßverzeichnisses angeht, so muß zum Schluß noch auf folgende Punkte hingewiesen werden:

Die chronologische Anordnung der einzelnen Arbeiten wurde aufgrund MELZERS Datierungen, aber auch unter dem Aspekt ihres thematischen Zusammenhanges vorgenommen. Es wurden die verschiedenen Übersetzungsteile eines Werkes, so Nāṣir i Ḫusrau (Verzeichnis Nr. **23**), um ein Beispiel zu nennen, ungeachtet ihrer früheren Datierungen zusammen mit den ergänzenden späteren Fortsetzungen unter dem Abschlußdatum angeführt. Damit sollte auch ein thematischer Überblick nach Autorennamen gewährleistet werden. In diesem Sinne wurden auch die undatierten Einzelarbeiten nach Autoren systematisiert, wobei einige äußere Merkmale der Bände und Hefte, wie etwa Abmessungen, ferner auch Tinten und Papierqualität als Unterscheidungshilfe berücksichtigt wurden.

Bei den Anthologien sowie literaturhistorisch relevanten Nachschlagewerken wurde von einer genauen Inhaltsbeschreibung der von MELZER ausgewählten Texte einzelner Autoren bewußt Abstand genommen, da dies wegen des großen Umfangs derselben den Rahmen des Verzeichnisses gesprengt bzw. dessen Überschaubarkeit unnötig belastet hätte. Dafür wurden die einzelnen Abschnitte nach Autorennamen in der von Melzer getroffenen Auswahlordnung treu wiedergegeben (s. z. B. Nr. **14/1–5**, Nr. **21**, Nr. **32** oder Nr. **45**).

Darüber hinaus wurden die jeweiligen Vorlagen, sofern diese von Melzer angegeben oder anhand seiner Randbemerkungen (z. T. auch aus seiner Bibliothek) identifizierbar waren, im Literaturverzeichnis angeführt. Dadurch wird dem Benützer die Möglichkeit geboten, diese Vorlagen bei Bedarf zur Inhaltsorientierung heranzuziehen.

In diesem Sinne wird auch das Namenregister im Anhang, das alle von Melzer behandelten Autoren umfaßt, eine nützliche Hilfe darstellen.

Die Personennamen und Titel wurden nach der heute im Bereich der Orientalistik gängigen Umschrift transkribiert, wobei aber die Umschriften Melzers, der jeweiligen Editionen und des Katalogs der UBG in ihrer Originalität bewahrt wurden. Die dabei auftretenden Unterschiedlichkeiten werden deshalb in einer Transkriptionstabelle auf ihre arabische Grundform zurückgeführt.

Die knappe Zeit des Bearbeiters des vorliegenden Verzeichnisses ließ kein tieferes Eindringen in den Nachlaß Melzers als in dem hier gebotenen Umfang zu.

Die Arbeiten am Material wurden in der Zeit vom 16. 11. bis 17. 11. 1984, vom 17. 2. bis 28. 2. 1985 und vom 26. 8. bis 28. 8. 1985 durchgeführt.

4.2. Chronologisches Verzeichnis (UBG Sign. Ms 2078)

4.2.1. *Griechisch*

1 (1912) Griech.-dt. Wörterbuch, 2 Hefte.
Nr. **1**: 170 × 100 mm, geb., 80 S.
Nr. **2**: 210 × 80 mm, geb., 110 S. Dat.: 2. Mai 1912

4.2.2. *Spanisch*

2 (undat.) Spanische Idiome, dt.-span., alphab. geordnet.
1 Bündel 200 × 160 mm, 447 Bl., pag. Sauber.

4.2.3. *Arabisch*

3 (1929) Cheikho: *Kitāb šu'arā an-naṣrāniya*
1 Bd 200 × 160 mm, 140 S. pag. mit Zeilenzählung. Arab. Text mit dt. Übers. Sauber, druckreif. Abschlußdat.: 2. 4. 1929. Es handelt sich um ausgewählte Texte von: Ḍuraid ibn aṣ-Ṣimma, Salam ibn Ḍuraid, 'Iyaḍ aṭ-Ṭa'labi, 'Abdallāh ibn J̌ud'ān, Al-Ḫansā, Banū Yarbū', Aṣ-Ṣimma, Mālik ibn aṣ-Ṣimma, Mu'āwiya ibn 'Amr ibn aš-Šarīd, Banū'l-Ḫāriṭ ibn Ka'b, 'Abdallāh b. 'Abd al-Madān, Asmā ibn Zinbā' des Ḥariṭī, Yazīd ibn 'Abd al-Madān.

4 (1932) 3 Mappen 230 × 140 mm, geb.
Nr. **1**: Ḍuraid ibn aṣ-Ṣimma, Gedichte, ziemlich umfangreich, nicht pag. Arab. Text mit dt. Übers. Sauber, undat.

Nr. **2**: Die Gedichte des Ḍuraid ibn aṣ-Ṣimma. Nur dt. Übers., teilweise mit arab. Zitaten, teilweise maschinens., dat.: 27. 1. 1932.

Nr. **3**: Auszüge aus Abu'l-farağ Iṣfahānī's „*Kitābu'l Aġānī*", ausgewählte Gedichte. Arab. Text mit dt. Übers., nebst losen Bl. mit Gedichten Ḍuraids, arab.-dt. Undat., nach Guidi (1900).

5 (undat.) 1 Bd 200 × 160 mm, geb., 149 S., pag. mit Zeilenzählung. Arab. Text nach „*Kitābu'l Aġānī*", 9. Bd: Aḫbār-i Ḍuraid ibn aṣ-Ṣimma, sowie Salam b. Ḍuraid, 'Amra b. Ḍuraid, Umm Ma'bad, 'Iyāḍ at-Ta'laba, 'Abdallāh b. J̌ud'ān, Al-Ḫansā u. a. Arab. Text mit vollst. dt. Übers. Sauber, druckreif.

4.2.4. *Mittelpersisch*

6 (1922) *Versuch über das Mittelpersische* („*Essay on Pahlavi*" – Haug 1870):
1 Bd 200 × 160 mm, geb. Über 200 S., mit Jahres- und Seitenangabe der Quellen, nur dt. (mit mp. Zitaten), Abschlußdat.: 19. 3. 1922.

7 (undat.) *čatrang i mātikān („Die Geschichte vom Schachspiel")*: 1 Bd 195 × 125 mm, geb., 27 S., mp. mit dt. Übers., Transkription und Anm., vollst. Sauber, druckreif.

8 (1922/26) *„Die Geschichte von Zarēr"*: 1 Bd 200 × 160 mm, geb., 236 S., mp. mit dt. Übers., Transkription und texteditorischen Eintragungen. Sauber.

9 (undat.) Mittelpersisch-Deutsches Wörterbuch: 4 Bde 210 × 170 mm, geb., 243, 200, 160 und 136 S. Alphab. geordnet, mehrere S. unvollst., dennoch zum großen Teil ausgearbeitet; druckreif.

4.2.5. *Neupersisch*

4.2.5.1. Literatur

10 (1926) Firdausi: 3 Bde und 2 Hefte:
Nr. **1**: 1 Bd 200 × 160 mm, geb.
Schāhnāme nach Vullers Ausg. (1877–1884), Einleitung bis Vers 30 des 1. Buches *„Gayumarth"*, pers. Text mit dt. Übers., Abschlußdat.: 12. 3. 1926.

Nr. **2**: 1 Bd 200 × 160 mm, geb.
Schāhnāme, Fortsetzung von Bd 1 bis Vers 1151 des 6. Buches *(Firēdūn)*, nur pers. Text.
Beide Bde mit Verszählung, Abschlußdat.: 13. 4. 1926.

(1934) Nr. **3**: 1 Bd 200 × 160 mm, geb.
Qaṣīde nach der Ed. Ethé (1872), UBG Sign. I 332.963. Pers. Text mit dt. Übers., vollst., mit nachträglichen Korrekturen und texteditorischen Eintragungen. Dat.: 16. 4. 1934, Abschlußdat.: 21. 4. 1934.

Nr. **4**: 1 Heft 170 × 100 mm, geb.
Schāhnāme: Satire, Einleitung, 1.–4. Buch (bis Ende *„Ǧamšēd"*) nach Vullers Ausgabe. Nur pers. Text ohne dt. Übers., mit Verszählung, undat.

Nr. **5**: 1 Heft 170 × 100 mm, geb., Fortsetzung von Heft 4, zusammen 145 S.: bis Ende des 5. Buches *(Ẕuḥḥak)*. Nur pers. Text ohne dt. Übers., undat.

11 (1934) Amīr Mu'izzī
1 Mappe, enthaltend:
a) 1 Bündel 200 × 160 mm, 64 S.: Gedichte. Pers. Text mit dt. Übers., vollst., mit nachträglichen Eintragungen. Sauber, druckreif; dat.: 13. 5. 1934 – 27. 5. 1934.
b) *Qaṣīde,* 1 Bl. 290 × 190 mm (nach *Īrānšahr,* Jg 2, pp. 212 f., UBG Sign.: I 330.044). Pers. Text, unvollst. (nur 5 Verse), mit dt. Übers. Undat.

12 (1935) Ḫwāndamīr, Ġiyaṯ ad-Dīn ibn Ḥumām ad-Dīn.-:
Nr. **1**: 1 Bd 200 × 160 mm, geb., 528 S.
„*Tariḫ i Tabaristān*" nach der Ausg. von Dorn (1850). Pers. Text mit dt. Übers. und Seiten- und Zeilenangabe der Vorlage sowie mit texteditorischen Nachträgen (in blauer Tinte), die aber nicht überall mitübersetzt sind (so z. B. S. 233 ff.). Sauber, druckfertig. Dat.: 25. 3. 1935 – 3. 8. 1935.

Nr. **2**: 1 Bd 200 × 160 mm, geb., 157 S.
„*Die Geschichte der Sarbadār* . . ." nach der Ausg. Dorn (1850), S. 143–182/4. Pers. Text mit dt. Übers. und Seiten- und Zeilenangabe der Vorlage sowie mit texteditorischen Einträgen (blaue Tinte), die aber bei der Übers. nicht mehr berücksichtigt wurden. Sauber, dat.: 4. 8. 1935 – 19. 8. 1935.

13 (1937) Mirḫwand: „*Bericht über die Samanidenkönige*" nach der Ausg. Defrémery (1845):
1 Bd 200 × 160 mm, geb., 488 S. Pers. Text mit dt. Übers. sowie mit Korrekturen und texteditorischen Anm. (blaue Tinte). Sauber, dat.: 31. 6. 1937 – 4. 4. 1938.

14 (1938) Dīnšāh Īrānī: „*Dichter der Zeit Pahlavi*" nach der Ausg. Īrānī (1933). Alphab. geordnet, 5 Bde. Pers. Text vollst.:

Nr. **1**: 1 Bd 200 × 160 mm, geb., 677 S.: Einleitung, pers. Text mit dt. Übers., vollst., nur eine zitierte arab. Textstelle ohne dt. Übers. (S. 325–328). Sauber, druckfertig. Abschlußdat.: 28. 10. 1937.

Nr. **2**: 1 Bd 200 × 160 mm, 806 S., Buchstabe „*alif*". Pers. Text vollst., zum größten Teil ins Dt. übers. (es fehlen die Übers. der S.: 168–170, 173–180, 385–477, 482–486, 490–505, 512–517, 529–568, 586–590, 594–597, 609–626), eine ergänzende Übers. wäre daher wünschenswert. Abschlußdat.: 3. 11. 1937. Es handelt sich um ausgewählte Texte folgender Dichter: Adībatu'z-Zamān, Adīb i Pīšāvarī, Adību's-Salṭana, Adību'l-Mamālik i Farāhānī, Adību'l-Mamālik i Farihmand, Adīb i Nišāpūrī, Aḥmad, Aḥmadī, Aḫgar, Aḫgar i Isfahānī, Āzād i Isfahānī, Āzād i Šīrāzī, Āzād i Hamadānī, Ašraf, Aštarī, Afsar, Afšār, Ulfat, Anṣārī, Aurang, Īrağ, Īzadī.

Nr. **3**: 1 Bd 200 × 160 mm, geb., 913 S.: Buchstabe „*be*" bis „*sīn*". Pers. Text vollst., zu einem großen Teil ins Deutsche übers. (es fehlt die Übers. der S.: 45–60, 93–97, 193–203, 239–245, 253–273, 278–314, 319–321, 429–439, 442–467, 472–500, 562–612, 620–623, 632–659, 675–723, 733–913), wäre also noch durch Übers. der angegebenen S. zu ergänzen. Sauber. Abschlußdat.: 28. 11. 1937.

Nr. **4**: 1 Bd 200 × 160 mm, geb., 800 S.: Buchstabe „*šīn*" bis „*qāf*". Pers. Text vollst., teilweise ins Deutsche übers. (es fehlt die Übers. der S.: 127–159, 189–195, 202–215, 219–248, 276–300, 425–432, 542–559, 568–595, 600–617, 619–625, 630–646, 652–663, 668–678, 756–788, 793–800), müßte ebenfalls ergänzt werden. Sauber, letzte Datierung auf S. 792: 29. 12. 1937.

Nr. **5**: 1 Bd 200 × 160 mm, geb., 672 S. (S. 801–1472):
Buchstabe „*kāf*" bis „*ye*". Pers. Text vollst., teilweise ins Deutsche übers. (es fehlt die Übers. der S.:

801–822, 840–842, 858–864, 868–877, 881–898, 904–917, 921–935, 941–970, 982–1010, 1015, 1017, 1021–1030, 1034–1051, 1059–1061, 1068–1070, 1081–1186, 1191–1194, 1203–1210, 1218–1220, 1225–1231, 1243–1312, 1328–1335, 1348–1380, 1386–1389, 1407–1408, 1441–1472), müßte ebenfalls ergänzt werden. Sauber. Abschlußdat.: 29. 1. 1938.

Die vorliegenden fünf Bde sind als Nachschlagewerk über die zeitgenössischen neupers. Dichter und Schriftsteller gedacht. Für den Inhalt von 14, 3–5 vgl. Īrānī (1933).

15 (1939) Muwaffaq, Abū Manṣūr, b. 'Alī Harawī: *„Kitābu'l-abnīya 'an ḥaqā'iqi'l- adwīya" (Buch d. arzneikundl. Grundsätze)* 3 Bde Nr. 1–3: 200 × 160 mm, geb. Pers. Text vollst. nach der Ausg. von Seligmann (1859), UBG Sign. I 131.346, mit dt. Übers. bis zur S. 192 des 2. Bd:

Nr. **1**: 500 S. (vollst. ins Dt. übers.). Sauber, druckfertig, dat.: 5. 4. 1938 – 13. 1. 1939.

Nr. **2**: 504 S., bis zur S. 192 mit dt. Übers. Sauber, dat.: 14. 1. 1939 – 14. 4. 1939.

Nr. **3**: 381 S. Pers. Text ohne Übers. (nur die Überschriften mit dt. Übers.). Sauber, dat.: 14. 4. 1939 – 25. 4. 1939.

Alle drei vorliegenden Bde mit Seiten- und Zeilenzählung nach Seligmann. Diese Arbeit ist sehr wichtig, zum einen wegen der besonders schwer übersetzbaren Fachausdrücke aus dem Bereich der Naturheilkunde, zum anderen wegen der literatur- und sprachhistorisch großen Bedeutung dieses frühneupers. Textes (s. Rypka [1968] S. 150 f.).

Die Originalhandschrift von Asadī aṭ-ṭūsī nun faksimiliert in: *Codices selecti* 35 ⟨1972⟩.

16 (1939) Niẓām al-Mulk, Abū 'Alī Ḥasan ibn 'Alī Ḫwāǧa: *„Siyāsat-nāme"* nach der Ausg. von Schefer (1891), UBG Sign. II 176.175, Suppl. 3, 7., 2 Bde 200 × 160 mm, geb.

Nr. **1**: 582 S., Einleitung französ., S. 1–82, pers. Text S. 1–500 (neu gezählt), mit dt. Übers. von S. 1–140.

Nr. **2**: 780 S. Pers. Text vollst., dt. Übers. von S. 767–780: das Lobgedicht *(Qaṣīde)* an Sulṭān Sa'īd Muḥ. b. Malikšāh. Beide Bde mit Seiten- und Zeilenzählung nach Schefers Ausg., dat.: Bd 1: 9. 1. '39 – 26. 4. 1939, Bd 2: 28. 4. 1939 – 19. 6. 1939.

17 (1940) Ǧāmī, Maulānā Nūru'd-dīn 'Abdu'r-Raḥmān: *„Dīwān i Ǧāmī"*

1 Mappe, enthaltend

A. 2 Hefte, 240 × 190 mm,

1: 40 S. Pers. Text mit vollst. dt. Übers. Sauber, druckfertig, dat.: 31. 10. 1939 – 5. 11. 1939.

2: 50 S., Fortsetzung von Heft 1, von S. 41–90. Pers. Text vollst. mit dt. Übers. Sauber, druckfertig. Abschlußdat.: 9. 2. 1940.

B. Viele lose Bl. mit Gedichten Ǧāmīs. Pers. Text mit dt. Übers., unvollst., verschiedene Dat.

18 (1940) 1 Bd 200 × 160 mm, 473 S., loser Umschlag, *„A travellers narrative written to illustrate the episode of Bāb"*, nach Browne (1891), engl., dat.: 21. 1. 1940.

19 (1940) 1 Heft 200 × 160 mm, geb., 199 S., Abschlußdat.: 18. 5. 1940, enthaltend verschiedene Prosatexte (kurze Erzählungen), darunter auch pers. Übers. aus dem Engl. und Russ. (nach den pers. Übers.-Texten in der Zeitung *„Īrān"* (1938/41); UBG Sign. IV 275.438). Pers. Texte vollst. mit Angabe der jeweiligen Zeitungsnummer:

– *„Der Stadtbettler"* von Max White, vollst. ins Dt. übers., S. 1–22 (*Ir* 6057, 2 f.) undat.

– *„Kraftwagen oder Gesundheit"* von Šaġarī, nur pers. Text, S. 23–36, dat.: 23. 2. 1940 (*Ir* 6057, 2 f.).

– *„Eine kalte Winternacht"*, pers. Text ohne Übers., S. 37–52 (*Ir* 6059/2 f.), dat.: 4. 3. 1942.

– Erzählung, nur pers. Text, ohne Übers. (*Ir* 6010/3 f.), S. 53–74, dat.: 8. 4. 1940.

– Erzählung, do. (*Ir* 6012/3 f.), S. 75–98, dat.: 8. 4. 1940.

– Erzählung, do. (*Ir* 6073/2 f.), S. 99–113, dat.: 10. 4. 1940.

– Erzählung, do. (*Ir* 6039/2 f., 6040/2 f.), S. 114–148, dat.: 17. 4. 1940.

– Erzählung, do. (*Ir* 6041/2 f.), S. 149–165, dat.: 18. 4. 1940.

– „*Die Wette*“ von A. Tschechow (*Ir* 6045/2 f.), S. 166–187, pers. Übersetzungstext vollst. ins Dt. übers., dat.: 20. 4. 1940.

– Erzählung: „*Der geheime Eid*“, pers. Text (*Ir* 6023/2) vollst. ins Dt. übers., S. 188–199, dat.: 18. 5. 1940.

20 (1941) 1 Bd 200 × 160 mm, 217 S.: *Contes Persanes en langue populaire*, nach CHRISTENSEN (1918). Pers. Text (Prosa: Erzählungen, Märchen . . .), vollst. ins Dt. übers. Sauber, druckfertig. Abschlußdat.: 24. 5. 1941.

21 (1941) 1 Bd 200 × 160 mm, 509 S. (+ 8 S. Inhaltsübersicht mit Quellenangabe): „*Dichter und Gedichte*“ (eine Anthologie), ausgewählte Gedichte von: Ḍulfaqār, Ḫāqānī, J̌ami, ʼUrfī Šīrāzī, Ġazzālī Mašhadī, Maġrebī Tabrīzī, ʻAufī, Rūdakī, Ḫusrau Dihlavī, Niẓāmī, Saʼdī, Asadī Ṭusī, Davvānī, ʼAṭṭar, Šams i Faḫrī, Maulānā Lisānī, J̌āmī, Ḫwāǰū Kirmānī, Qāʼānī, Ulamā-i Islām, Rašīdaʼd-dīn, Ḫaqānī, Dawlatšāh, Luṭf ʼAlībaig, Ḍulfaqār, Dawlatšāh, Salmān-i Sawuǰī, Sulṭān ʼUwais, Luṭf ʼAlībaig, ʼAhlī i Turšīzī, ʼAhlī i Šīrāzī, ʼAṭṭār i Tabrīzī, Šarīf Ḥusain, Saʼdī, Masʼūd i Saʼd i Salmān, J̌āmī, Masʼūd i Saʼd i Salmān, Ḫwāǰu Kirmānī, Dawlatšāh, Šamsuʼl Muʼālī, Ṭibe Sikandarī (Alexandr. Medizin-

Prosa), Niẓāmī' Arūzī. Zu den Ausg. vgl. Melzers Quellenangabe. Mit dt. Übers. vollst. mit Seiten- und Zeilenzählung der Vorlage. Sauber, abdruckfertig. Dat.: 15. 3. 1937 – 17. 6. '41.

22 (1943) 1 Mappe 310 × 250 mm, enthaltend:
1 Mappe mit Kopien von H̱āqānīs *Diwān* und einige lose Bl. 200 × 160 mm. Pers. Text ohne dt. Übers. Undat., sowie lose (hellgelbe) Bl. 300 × 210 + 200 × 160 mm. Pers. Text, vollst. ins Dt. übers. Sauber, dat.: 30. 3. 1943.

23 (1944) Nāṣir i H̱usrau, Abū Mu'īn ad-Dīn:

(1925) Nr. **1**: 1 Bd 200 × 160 mm, geb., 97 S.: *„Sa'ādat-nāme"*. Pers. Text (umfaßt 287 Verse) mit prosodischer Analyse nach der Ausg. Fagnan (1880); auch die Berliner Ausg. von *„Safarnāme"* – Berlin (1922) lag ihm später vor, UBG Sign. I 332.896; vollst. ins Dt. übers., mit einigen nachträglichen Korrekturen (so S. 10, 18, 38, 55 ff.). Sauber, druckfertig, dat.: 3. 9. 1925.

(1933) Nr. **2**: 1 Bd 200 × 160 mm, geb., 826 S.: *„Safar-nāme"*. Pers. Text mit dt. Übers. Sauber. (Vorarbeit zum maschinens. Exemplar, s. Nr. **23**.5), dat.: 14. 3. 1933 – 21. 11. 1933 und 2. 5. 1944.

(1933–1944) Nr. **3**: 1 Mappe 310 × 250 mm, enthaltend lose Bl mit Texten aus Nāṣir H̱usraus Werk:

- *„Waǧh i Dīn"*. Pers. Text, vollst. ins Dt. übers. nach der pers. Ausg. Berlin (1922), UBG Sign. I 332.896, dat.: 15. 4. 33.
- 1 Bündel lose Bl., enthaltend: *„Qaṣīde"*, dat.: 23. 12. 1924, und 1 *„Qaṣīde"* undat., sowie Gedichte aus dem *„Diwān"*, 8 S. dat.: 9. 2. 1939.

Weitere lose Bl. mit Gedichten von: Nāṣir H̱usrau, Ẓahīr Fāryābī, 'Unṣurī, Farruẖī, vollst. ins Dt. übers. Sauber, verschiedene Dat.

Nr. **4**: 1 Heft 200 × 160 mm, geb., 110 S.: *„Rušanā'ī-nāme" („Buch der Erleuchtung")*, umfaßt 579 Verse, pers. Text nach der Ed. Ethé (1879/1880), (UBG Sign. I 155.321. – Vgl. a. „*Safarnāme*" Berlin [1922], Sign. I 332.896) mit Verszählung 1–579, vollst. ins Dt. übers., mit Korrekturen. Sauber, druckfertig, undat.

Nr. **5**: 1 Mappe 290 × 210 mm, 260 S. (Einleitung: I–X, Text: 1–250): „*Safarnāme*" *(„Das Reisebuch des pers. Dichters Naṣir Khusrou")*, nur dt. Übers., maschinens. (s. o. **23**.2), mit handschriftlichen Korrekturen (für geplanten Druck), druckfertig, undat.

Diese Übers. ist (nach meiner Stichprobe) ebenso wie die seiner anderen Arbeiten sehr gut, nur die Transkription der Namen ist etwas veraltet, kann aber zum größten Teil so bleiben. Ein Namenreg. in der heute gebräuchlichen Transkription wäre eine nützliche Ergänzung.

24 (1948) Rūdakī, 2 Bde (Gedichte):
Nr. **1**: 200 × 160 mm, geb., 185 S. (nebst prosodischem Reg.), pers. Text nach der Ausg. Ross (1924), vollst. ins Dt. übers., mit Korrekturen und texteditorischen Einträgen. Sauber, druckreif, dat.: 24. 3. 1937 – 15. 2. 1938.

Nr. **2**: 190 × 150 mm, geb. (nebst. Reg.). Pers. Text nach mehreren Vorlagen, u. a. Ethé (1873), vollst. ins Dt. übers., mit Seiten- und Verszählung nach den Vorlagen, druckreif, Abschlußdat.: 21. 1. 1948.

25 (1949) 1 Mappe (320 × 250 mm): Mas'ūd i Sa'd i Salmān nach der engl. Übertragung von Browne (1905/06), UBG Sign. I 32.921:

A. dt. Übers. nach Browne (Bd 1, 1905) S. 1–59 (= S. 696–740), ohne pers. Text. Sauber, druckreif.

B. Gedichte folgender Dichter über Mas'ūd i Sa'd i Salmān (nach der Ausg. von 1906).

1. 'Abu-'l Faraǰ i Rūnī, S. 24–28 (= 31–34).

2. Rašīdī i Samarqandī, S. 28–31 (= 34–37).

3. Rašidī, S. 32–35 (= 37–40).

4. Sayyid Muḥ. b .... 'Alawī-i Ġaznawī, S. 35–37 (= S. 40–42).

5. Abu'l-'Alī 'Aṭā 'b. Ya'qūb bekannt als Nākūk, S. 37–39 (= S. 42–44).

6. 'Oṯmān i Muḫtārī von Ġazna, S. 39–42 (= S. 44–46).

7. Aḫtarī, S. 43 (= S. 42).

8. Sanā'ī i Ġaznawī, S. 43–46 (= S. 47–48).

9. Mu'izzī, S. 47–48 (= S. 49–51).

10. Ṯiqatu'l Mulk Ṭāhir b. 'Alī b. Muškān, S. 49–51 (= S. 12–13).

Pers. Text, vollst. ins Dt. übers. Sauber, druckreif, Abschlußdat.: 6. 8. 1949.

26 (1950) Riẕā Qulīḫān i Hidāyat (Lālābāšī): 2 Bde 200 × 160 mm, geb., und 1 Mappe 310 × 260 mm:

(1935) Nr. **1**: 1 Bd *„Safāratnāme i Ḫwārazm“ („Chiwā“)*, 660 S. Pers. Text nach Schefer (1876), UBG Sign. II 176.175, vollst. ins Dt. übers. Sauber, druckreif, dat.: 28. 3. 1935 – 8. 12. 1935.

(1936) Nr. **2**: Fortsetzung von Bd 1, vollst. abgeschrieben und ins Dt. übers. Sauber, druckreif, Abschlußdat.: um 21. 12. 1936 (s. Dat. auf S. 117, 254 und 354). Beide Bde mit Korrekturen (Bd 2: S. 113 und 108 falsch gebunden).

(1938–1950) Nr. **3**: 1 Mappe *Maǰma'ul-Fuṣaḥā* (Bāb i duyum az 'abwāb i 'arba'i): lose Bl. (umfangreich) beginnend mit: Abū Ḥafs i Suġdī. Pers. Text mit dt. Übers., dat.: 18. 2. 1950, S. 1–3: Saif 'adin Bāḫarzi, 4 *Rubā'i*, pers. Text mit dt. Übers., dat.: 10. 2. 1938, 8. 3. 1947, S. 1–2 ff.: Sa'īd ad-Dīn J̌uwainī: 3 *Rubā'i*, pers. Text mit dt. Übers., dat.: 10. 2. 1938, 9. 3. 1947 und viele weitere Bl. mit Gedichten von

- Zakī Šīrāzī·
- Amīr Mu'izī, 10 S., dat.: 13. 1. 1947.
- Abū Sa'īd Abu'l Ḫair, 11 S., dat.: 17. 10. 1946.
- 'Anṣārī Harawī, Aḥmad Ǧāmī, Amīn Baliyānī, Abu'l wafā-i Ḫwarazmī, 'Auḥadī Marāġi'ī; 18 S., dat.: 9. 11. 1946.
- Aḥmad i Ġazzālī Ṭūsī, Auḥadī Kirmānī, dat.: 24. 11. 1946.
- Abu'l Mu'ayyad-i Balḫi, dat.: 8. 8. 1938 – 20. 4. 1947. Stets pers. Text mit dt. Übers., druckreif.

27 (1950) Asadī Ṭūsī: *Garšāsp-nāme*
1 Mappe 310 × 250 mm, enthaltend lose Bl. 200 × 160 mm, 250 × 200 mm, 300 × 210 mm mit über hundert Versen aus *Garšāspnāme*. Pers. Text, nach der Ausg. HUART (1926) mit vollst. Übers. Vorwort nur dt., Bl. ungeordnet. Sauber, dat.: 23. 10. 1934 – 12. 12. 1950.

28 (1951) 1 Mappe 310 × 250 mm, enthaltend lose Bl. 200 × 160 mm, 290 × 200 mm, mit Gedichten von: Ẓahīr Fāryābī *(Qaṣīde, Rubā'ī, Ġazal)*. Pers. Text mit dt. Übers. Sauber, druckreif. 1 Bündel lose Bl. 200 × 160 mm, mit Gedichten von:

- Ṭālib Āmulī, Mulā Tuġrā-i Mašhadī, Sulṭān Tuġrul-i Salǧūqī, Farhād Mīrzā Qāǧār. Alle Gedichte vollst. übers. (Bl. ungeordnet). Verschiedene Dat. zwischen 1939 – 27. 12. 1950 sowie 1. 1. 1951.

29 (1951) (1934) Ḥāfiẓ: *„Die Lieder des Ḥāfiz“ (Diwān)*, 2 Bde und 1 Mappe:

Nr. **1**: 1 Bd 200 × 160 mm, geb., 490 S., dat.: 14. 4. 1934.

Nr. **2**: 1 Bd 200 × 160 mm, geb., 500 S., dat.: 12. 5. 1934 – 10. 11. 1934.

Pers. Text nach der Ausg. Brockhaus (1854–1860), UBG Sign. II 274.826. Bd 1. und 2. Nr. 1–185, unvollst. ins Dt. übers. Bedarf einer Erg. und, was die prosodischen Analysen betrifft, die von jenen von Brockhaus abweichen, erläuternder Anm. Melzers Übers. sind prosaisch, zwar nicht besonders poetisch wie die eines z. B. Āttābāys, dafür aber genau.

Nr. **3**: 1 Mappe 300 × 210 mm, enthaltend: lose Heftpapiere (DIN A4 und DIN A5). Anscheinend als Vorarbeit zu einer vollst. Ḥāfiz-Übers. Pers. Text, zum größten Teil ins Dt. übers. Sauber, Bl. geordnet. Wertvolle Arbeit, dat.: u. a. 14. 5. 1951. Für die Vorlage vgl. a. die Übers. von Rosenzweig (1858–1864), UBG Sign. I 155.991.

30 (1951) Niẓāmī, Īlyās b. Yūsuf:
1 Mappe 310 × 250 mm, lose Bl. 290 × 200 mm, mit folgenden Gedichten:

1. *H̱arad-nāme:* 8 S. Pers. Text mit dt. Übers. Sauber, druckreif, dat.: zuletzt 14. 5. 1949.
2. *H̱usrau u Šīrīn:* 160 S. Pers. Text in diesem Umfang abgeschrieben, von S. 1–44 vollst., ab S. 45 zum größten Teil ins Dt. übers., Abschlußdat.: 8. 7. 1951.
3. *Šarafnāme:* 7 S. (= 35 Verse). Pers. Text mit dt. Übers., undat.
4. *Lailā u Maǧnūn:* 12 S. (= 57 Verse). Pers. Text mit dt. Übers. Abschlußdat.: 9. 5. 1949.
5. *Ġazaliyāt:* 1 S. pers. Text mit dt. Übers. Abschlußdat.: 8. 1. 1949. Sauber.

31 (1952) ʿUnṣurī, Abuʾl-Qāsim Ḥasan:
1 Mappe 310 × 250 mm, lose Bl., vorwiegend 290 × 200 mm, einige 200 × 160 mm und 160 × 100 mm mit Gedichten (und *„Qaṣīde“)*. Pers. Text mit dt. Übers. Sauber, dat.: 8. 6. 1952.

32 (1952) 1 Mappe 310 × 240 mm, lose Bl. 290 × 200 mm, ausgewählte Gedichte und Texte von:

– Šams i Faḫrī *(„fi madḥ i Sulṭān“).*
– Niẓāmī 'Arūḏī *(„čahār maqāli“).*
– 'Aṭṭār *(„Manṭiqu'l-Ṭair“).*
– Firdausī *(„Schāhnāme“).*
– 59. Erzählung (Hāǧī Bābā?).
– *Ḥadīqatu'l Ḥaqīqa.*
– *Taḏkiratu'l 'uliyā* (von 'Aṭṭār).
– *Qābūsnāme.*
– *Siyāḫatnāme* (von Ibrāhīm Bayk).
– *„Über den Safawidenstaat“* (von der Gründung bis zum Jahre 1525/26).
– *„Das älteste neupers. Gedicht“.*

Pers. Text mit vollst. dt. Übers. (bis auf kurze Textpassagen). Ungeordnet, sauber, verschiedene Dat. zwischen 1949 bis zuletzt: 27. 10. 1952.

33 (1953) 1 Mappe 310 × 230 mm, lose Bl. 200 × 160 mm und 300 × 210 mm mit Gedichten von: Šaibānī, Mahistī, 'Unṣurī, Sa'dī, Bāmdād, Manǧīk aus Tirmiḏ, Riẓā Qulī-Ḫān Hadāyat Tabaristānī, Amīr Mu'izzī, Abu'l Faraǧ i Rūnī, Kasā'ī, Ṣā'ib, Rūdagī, Raẓi'ad-Dīn i Naišābūrī, Auḥad'ad-Dīn Kirmānī, Bāqir i Kāšānī, Ibn Sīnā, Pūr Bahā, Ǧāmī, Ḥusain Beg Ḫurusī, Mīr Ḫusrau, Ḏulfaqār, Salmān-i Sāwuǧī, Muḥ. Qulī Salīm, Amīr Šāhī, Šahryār. Pers. Text vollst. ins Dt. übers. (bis auf einige lose Bl.). Ungeordnet, sauber, dat.: 19. 2. 1953.

34 (1953) CHARLES SCHEFER: *Chrestomathie Persane* I und II; 2 Hefte:

Nr. **1**: 300 × 200 mm, geb., 429 S. Ohne dt. Übers.: *„Ẓafarnāme“*, Abschlußdat.: 24. 7. 1949.

Nr. **2**: 300 × 200 mm, geb., 495 S. Ohne dt. Übers.: „*Tāriḫ i Āl-i Barmak*“ u. a., nebst 26 S. diverser Gedichte ohne dt. Übers. Abschlußdat.: 26. 12. 1953.

Beide Hefte mit Seiten- und Zeilenzählung nach Schefer. Sauber.

35 (1954) Mawlānā J̌alāl ad-Dīn Rūmī: 1 Heft und 1 Mappe:

Nr. **1**: Heft 290 × 200 mm, geb., „*Lieder aus dem Diwān i Šams i Tabrīzī*“. Pers. Text nach der pers. Textausg. von Nicholson (1898), vollst. ins Dt. übers. mit prosodischen Analysen. Seiten- und Verszählung nach der Vorlage. Korrekturen. Sauber, druckfertig, dat.: 15. 12. 1948.

Nr. **2**: 1 Mappe 300 × 250 mm, lose Heftbl.:

A. 1 Bündel: Auszug aus *Maṯnawī Ma'nawī, Ǧild i duyum*. Pers. Text umfaßt 743 Verse, davon 732 ins Dt. übers. Sauber, dat.: 30. 3. 1954.

B. Weitere, teils geordnete, teils ungeordnete lose Bl. mit *Rubā'iyāt, Ġazal, Maṯnawī*. Pers. Text, unvollst. ins Dt. übers. Sauber, undat.

36 (1954) Anwarī, Auḥad ad-Dīn: 1 Bd, 1 Mappe und 1 Heft:

Nr. **1**: 1 Bd 210 × 170 mm, lose und ungeordnete Bl., pag., 200 × 160 mm, mehr als 466 S. mit Gedichten aus dem „*Diwān*“. Pers. Text teilweise unvollst. bis zur S. 413 abgeschrieben, zu einem großen Teil ins Dt. übers., mit texteditorischen Nachträgen (rote Tinte). Sauber, verschiedene Dat. aus dem Jahre 1935.

Nr. **2**: 1 Mappe 310 × 250 mm, lose Bl. 200 × 160 mm sowie 300 × 210 mm, mit Gedichten Anwarīs. Pers. Text, vollst. ins Dt. übers., ungeordnet. Sauber, diverse Dat.: 1935 – 7. 6. 1954.

Nr. **3**: 1 Heft 200 × 160 mm: Initienverzeichnis zu Bruchstücken Anwarīs. Pers. Text mit Zeilenangaben, undat.

37 (1954) Abū Sa'īd Abu'l-Ḫair: *Rubā'iyāt:*
1 Heft 300 × 200 mm, 154 S. Pers. Text, teilweise ins Dt. übers., mit texteditorischen Nachträgen sowie Seiten- und Verszählungen nach den Vorlagen. Bedarf einer Ergänzung. Sauber, dat.: 5. 2. 1954 – 10. 6. 1954.

38 (1955) Sa'dī, Šaiḫ Abū-'Abdi'llāh Mušarrif (u'd-dīn) b. Muṣliḥ:

(1934) Nr. **1**: 1 Bd 200 × 160 mm, geb., 698 S. (+ XVIII S. Inhaltsübersicht). Pers. Text nach der Ausg. Platts (1874), UBG Sign. I 330.347, sowie 6 weiteren Ausg. (s. Melzers Angaben im Vorwort), vollst. ins Dt. übers., mit Seiten- und Verszählung, sowie Korrekturen. Der Umfang entspricht der 1. und 2. Abteilung (bis Ende des „*Bāb i duyum*" = S. 72 der zitierten Ausg.). Sauber, druckreif, dat.: 14. 6. 1934.

Nr. **2**: 1 Bündel lose Bl. und Hefte mit folgenden und anderen, noch zu identifizierenden Gedichten Sa'dīs:

(1937–1939)
- *Kitāb al-Ḫwātim*, dat.: 16. 4. 1939.
- *Marṯīya, Badā'yi', Ṭayyabāt*, dat.: 17. 7. 1937.

Sehr umfangreich. Pers. Text, vollst. ins Dt. übers. Sauber, vieles druckreif.

Nr. **3**: 1 Mappe 300 × 250 mm, darin mehrere Hefte und lose Bl. Im Zusammenhang mit **38**.1–**38**.5 ein wertvoller Beitrag zu einer vollst. Übers. von Sa'dīs Werk. Große Teile der einzelnen Werke Sa'dīs sind pers. abgeschrieben und ins Dt. übers.

(1937–1955) Zum Beispiel: *Ġazaliyāt, Pandnāme, Qudim, Bustān, Badā'yi', Rubā'iyāt* . . . Sauber, verschiedene Dat.: 1937–1955.

Nr. **4**: 1 Mappe 300 × 250 mm, darin mehrere lose Bündel von Heftbl. (DIN A4 und DIN A5) mit Versen aus: „*Gulistān*", pers. Text fast vollst. nach der Ausg. Furūġī (1937), mit dt. Übers., ungeordnet. Sauber, diverse Dat.: 1947 – 15. 5. 1955.

Nr. **5**: 1 Heft 290 × 210 mm, geb., Sa'dīs: „*Ḫabīṯāt*". Pers. Text nach den Ausg. Tabriz (1885), S. 605–611 (UBG Sign. II 340.672), Teheran (1939), S. 393–402 (Sign. I 269.822), sowie nach der Wiener Handschrift (s. Flügel, 1 [1865], S. 527 f. Nr. 530), vollst. ins Dt. übers., mit texteditorischen Einträgen, Seiten- und Verszählung nach den Vorlagen. Sauber, druckreif. Abschlußdat.: 13. 6. 1955.

39 (1956) 3 Hefte 200 × 160 mm, geb. (Melzers Zählung: 1–4. Heft Nr. 3 fehlt):

(1949) Nr. **1**: „*Tārīḫ i Tabaristān*" (von Muḥ. ibn Ḥasan b. Isfandyār), 78 S. + 2 handgezeichnete geographische Landkarten. Pers. Text nach der Ausg. von Dorn (1875), S. 3, 20, 26, 29 und 101 (UBG Sign. II 118.718), vollst. ins Dt. übers. Ferner Auszug aus Daqīqīs „*Schāhnāme*", nach Dorn (1875), S. 186 f., pers. Idiome und Briefmuster (Quellen in Melzers Inhaltsverzeichnis). Pers. Text, teilweise ins Dt. übers. Abschlußdat.: 27. 7. 1949.

(1951) Nr. **2**: Ausgewählte Gedichte und Prosatexte von: Anvarī, Daqīqī (aus dem „*Faźā'il-i Buḫārā*"), 'Ali Ṣafī, Ḫāqānī, Sa'dī, Manūčihrī, Ǧāmī, Sulṭān Owais, Salmān i Sāwaǧī, Qarā Bogay, Raźī ud-Dīn 'Alī, Hamgar, Naṣir i Buḫārī, Āżarī, Aḥmad Mustaufī, 'Aṭṭār, Maulānā Luṭfu'l-lāh, Šarīf Murtaźā, Niẓāmu'l-Mulk, Kāšifī, Aḥmad i Ṭūsī, al-Ǧurǧānī, Kisā'ī, Ẓahīr i Fāryābī, Nāṣir i Ḫusrau (aus dem *Barzūnāme*), 'Ārifī/'Ārif (Šamsu'd-Dīn Muḥammad 'Ārifī), Nūr Ǧihān.

Pers. Text mit dt. Übers. und fortgesetzter Seitenzählung (nach **39**.1) von S. 79–185. Sauber, Abschlußdat.: 16. 7. 1951.

3. Heft fehlt

(1956) Nr. **3**: Fortsetzung vom fehlenden 3. Heft, S. 287–370. Pers. Text, teilw. ins Dt. übers. Sauber, Abschlußdat.: 17. 2. 1956. Es handelt sich um ausgewählte Gedichte und Texte von: Maḫfī, 'Iffat,

ʿIṣmat, Faḫrī, Tāǧu'd-Daule, Źiyā, Aka, Mastūra, Nūš, ʿAfāf, Kamar, Lāle Ḫātūn, Mihrī, Nūr i Ǧahān, ʿĀ'iša, ʿIṣmat, ʿIffatī, Muḥammad i Hibelrūdī, Niẓāmī i 'Arūźī, Mu'min Ḥusain i Yazdī, Firdausī, 'Aṭṭār, Sulṭān Walad (: aus dem *Rabābnāma*), Ǧalālu'd-Dīn Rūmī, Brief von Manučihr Afšār (vom 17. 2. 1956).

40 (1956) 1 Mappe 310 × 240 mm, lose Bündel, enthaltend:

a) lexikographische Vorarbeiten, u. a. auch nach ʿAnǰavi Šīrāzī (1876).

b) lose Bl. 200 × 160 mm, mit Gedichten von Farruḫī, 20 S. (= 58 Verse). Pers. Text mit dt. Übers. Sauber, druckreif, dat.: 25. 2. 1956.

c) 1 Heft 210 × 140 mm, mit eingelegten losen Bl.: Gedichte von Salmān i Sāwuǧī. Pers. Text u. a. auch nach *Īrānšahr*, Jg I, S. 69 f., UBG Sign. I 330.044, vollst. ins Dt. übers., dat.: 16. 8. 1932 – 29. 8. 1948.

d) 1 Heft mit eingelegten Bl.: Vorrede der Herausgeber und Gedichte von Ḫāqānī, 6 S. Pers. Text mit dt. Übers. Sauber, dat.: 1. 4. 1933 (sowie 1 Bündel s. u. *„f")*.

e) 1 Bündel lose Heftbl. 300 × 200 mm: 18 S. Biographien namhafter Ṣūfīs, wie: Bāyazīd Basṭāmī, Abul Ḥasan al-Ḫaraqānī, Abū Sa'īd Abu'l Ḫair, Anṣārī Harawī, Ǧāmī, Amīn Baliyānī, Abu'l wafā Ḫwārezmī, Auḥadī Marāġi'ī, A. Ġazzālī, Auḥadī Kirmānī, Āḏarī i Ṭūsī, Asīrī Lāhīǧī, Abū 'Alī Rūdbārī, Qutb 'ad-Dīn ('Onsī Gunābādī), Abū 'Alī Miṣrī, Ibrāhīm Ordūbādī, Ibrāhīm Badaḫšānī). Pers. Text mit dt. Übers. Sauber, dat.: 13. 12. 1954 – 22. 12. 1954.

f) Maschinens., S. 1–3: *„Denkschrift über Khāqānī von Nikolaus Khanikof"* (Khanikoff [1864]), sowie 1 Bündel lose Bl. mit Gedichten von

Ḫāqānī: 200 × 160 mm. Pers. Text mit dt. Übers. Sauber, lose Bl. 290 × 200 mm *„Ġazaliyāt“* (2 S., dat.: 7. 1. 1947), *„Dar Tawḥīd. . . wa madḥ-i Ḫātim'l-anbiyā'“* (7 S. vom 15. und 16. 1. 1953), *„Rubā'iyāt“* (5 S. undat.). Pers. Text mit dt. Übers. Sauber.

41 (1956) Suhrawardī, Šaiḫ Šahāb ad-Dīn:
1 Bd 200 × 160 mm. Neben Auszügen aus Suhrawardīs Werk auch solche aus den Werken anderer Autoren:

1. *Risāle i Āwāz i par i Ǧibra'īl,* S. 1–67. Pers. Text nach der pers. Ausg. in *JA* 227 (1935), S. 36–62, UBG Sign. I 45.803, vollst. ins Dt. übers., jedoch die Anm.: *Šarḥi Aṣwāt i par i Ǧibra'-īl* ohne dt. Übers., S. 1–57. Sauber, druckreif, dat.: 17. 1. 1956 – 25. 3. 1956.

2. Auszug aus: *Kitāb i nūrul-ʿulūm* von Šaiḫ Abī Ḥasan al-Ḫaraqānī, S. 1–186. Ohne dt. Übers., nach der Ausg. in: *Īrān,* Jg 3 (1929), S. 175–197, UBG Sign. I 183.285. Sauber.

3. *„Qaṣīde Zarrīye min kalām-i Ḫākī“,* S. 1–35 (= 103 Verse). Ohne dt. Übers., nach *Īrān,* 2. Jg (1928), S. 8–13. Sauber.

4. *„Doḫtar i donyā“,* S. 1–16 (= 96 Verse). Ohne dt. Übers. nach *Īrān,* 3. Jg (1929), S. 80–93. Sauber, dat.: 8. 1. 1956.

5. *„Fatuwatnāme“* von Ḫusain Kāšī *(Bāb-i šišum, faṣl-i čahārum, faṣl-i duyum),* über *„Lu'batbāzī“* (pers. Marionettenspiel). S. 1–11. Pers. Text nach *Īrān,* Jg 2 [1928], S. 72–74) und *(faṣl-i 'awal)* über *„Ringkämpfer“,* S. 12–37. Pers. Text nach *Īrān,* Jg 1 (1927), S. 103–105, beide ohne dt. Übers. Sauber, undat.

6. *„Pahlawān Kačal“* (pers. Marionettenspiel), S. 1–73. Pers. Text nach *Īrān,* Jg 2 (1928), S. 53–72, unvollst. ins Dt. übers. (nur die ersten 13 S.). Sauber, dat.: 5. 1. 1956.

7. *Ḫaime šab-bāzī* (pers. Marionettentheater), S. 1–58. Pers. Text nach *Īrān,* Jg 3 (1929), S. 27–50, ohne dt. Übers. Sauber, dat.: 12. 1. 1956.

42 (1957) 4 Bündel im Umfang von über 2000 losen Bl. als Vorarbeit zu einer literaturgeschichtlich geordneten Anthologie neupers. Dichtung:

Nr. **1**: 200 × 160 mm, ausgewählte Gedichte folgender Dichter in teilweise alphabetischer Ordnung: Anvarī, Auḥad-ud-Dīn i Kirmānī, Auḥadī Marāġe-ī, Īzadī i Yazdī, Bāqir i Kāšī, Bāmdād, Sulṭān Ḥusain Bāiqarā, Badaḫšī, Saifī Badī'ī, Busḥāq, Muğīru'd-Dīn i Bailaqānī, Mullā Bīniš i Kašmīrī, Pūr i Bahāy i Ğāmī, Paiğū Malik, Muḥsin Ta'śīr, 'Abdu'l-Laṭīf-Ḫān Tanhā *(Tāğu'l Mu'āśśir),* 'Abdu'l-Vāsi' Ğabalī, Ḥāfiẓ, Sayyed Ḥasan i Ġaznavī, Ḫāğū i Kirmānī, Afẓalu'd-Dīn i Ḫāqānī, Sayyid Ḥusain i Ḫāliṣ, Ḫusrau *(Bahār i 'Ağam),* Żu'l-Faqār, Ḥasan-Bēg Rafī', Ruknu'd-Dīn, Ruknā i Kāšānī, Zağğaği, Zulālī, Sālik i Qazvīnī, Sālik i Yazdī, Subḥānī, Sirāğu'd-Dīn i Rāğī, Sirāğu'd-Dīn i Sagzī, Ğanāb Sirāğu'l-Muḥaqqiqīn, Sa'dī, Darvīš Saqqā, Salmān, Muḥammadqulī Salīm, Sanā'ī, Sanğar i Kāšī, Saifu'd-Dīn i Isfarangī *(Saif i Isfarangī),* 'Ubaid i Zākānī, 'Irāqī, Sayyidī Muḥammad 'Urfī, 'Asğadī, 'Aṭṭār, 'Alī i Ḫurāsānī, 'Am'aq, 'Amīd, 'Amīd i Lūmakī, 'Unṣurī, Mullā Tāhir Ġanī, Faḫru'd-Dīn i Marvarūdī, Faḫrī, Fidā'ī i Ḫurāsānī, Mullā Šānī i Tekelū, Šuğā'u'd-Dīn i Iṣfahānī, Šiḥne ye Māzandarānī, Muḥammad Isḥāq Šaukat, Adīb Ṣābir, Ṣā'ib, Farruḫī, Farāhānī, Firdausī, Falakī, Qā'ānī, Mullā Qāsim i Mašhadī, Qanbar i Nīšāpūrī, Kātibī, Abū Ṭālib Kalīm, Kamāl Ismā'īl, Kamāl i Ḫuğandī, Muḥtašim, Muḫtārī, Masīḥ i Kāšī, Mu'izz Fitrat, Mu'izzī, Mullā i Rūm, Nāṣir, Miyān Nāṣir i 'Alī, Mīr Nağāt, Mullā Zakī Nadīm, Ḥakīm Nizārī, Nasīm, Niẓāmī, Mīr Muḥammad Naẓmī i Haravī, Mullā Naẓīrī i Nīšāpūrī, Ni'mat-Ḫān 'Alī, Vaḥšī, Mīrzā Ṭāhir Vaḥīd, Rašīdu'd-Dīn Vaṭvāṭ i Balḫī, Vaqār, Hilālī, Yaḥyā i Kāšī, Yūsufī Ṭabīb.

Pers. Text mit dt. Übers. Wertvolle Arbeit, nach Ordnen druckreif. Sauber; verschiedene Dat., zuletzt: Okt. 1956.

Nr. **2**: 210 × 150 mm, lose Bl.: Dt. Übers. ausgewählter neupers. Gedichte, chronologisch geordnet, vom Jahre 834/835 bis zum Jahre 1917, mit Inhaltsübersicht *(„Verzeichnis der Dichter")*, beginnend mit „Ḥanẓale" und endend mit „Bahār", Jg. 1917. Nur dt. Übers. der Gedichte und Biographie der nachfolgenden Dichter (wertvolle Vorarbeit zu einem literaturhistorisch geordneten Nachschlagewerk neupers. Poesie seit ihren Anfängen bis zum Jahr 1917), sauber, undat.:

Ḥanẓala, Šāhid, Rābi'a, Āġāčī, Daqīqī, Rūdakī, Ḫusravī, Ḫusravānī, 'Ammāra, Bundār, Firdausī, Asadī, Ḫurqānī, Farruḫī, 'Asğadī, 'Unṣurī, Minūčihrī, Abū Sa'īd, Kisā'ī, Nāṣir Ḫusrau, Qaṭrān, 'Anṣārī, 'Umar i Ḫayyām, Rūnī, Mas'ūd i Sa'd i Salmān, Azraqī, Sanā'ī, Mahistī, Mu'izzī 'Am'aq, Muḫtārī, Ṣābir, Ğalabī, Ḥamīdī, Suzanī, Falakī, Vaṭvāṭ, 'Anvarī, 'Imād i Šahryārī, 'Abdu'r-Razzāq, Bailaqānī, Ḫāqānī, Ẓahīr i Fāryābī, Niẓāmī, Šarafu'd-Dīn Šufurva, 'Aṭṭār, Kamāl Ismā'īlī, Bābā Afẓal, Aumānī, Saif i Bāḫarzī, Pūr i Bahā, Rūmī, Hamgar, Imāmī, 'Irāqī, Żu'l-Fiqār, Sa'dī, Auḥadu'd-Dīn i Kirmānī, Humām, Nizārī i Quhistānī, Amīr Ḥusrau, Auḥadī i Marāġa'ī, Ibn i Yamīn, Ḫᵛāğū, Ni'matu'l-Lāh, 'Ubaid i Zākānī, Salmān i Sāvoğī, Ḥāfiẓ, Kamāl i Ḫuğandī, Maġribī, Qāsimu'l-Anvār, Kātibī, Amīr Šāhī, Ğāmī, Bābā Fiġānī, Hilālī, Lisānī, Ahlī i Šīrāzī, Vahšī, Muḥtašam, 'Urfī, Faiźī, Naẓīrī, Ẓuhūrī i Turšīzī, Zulālī, Bahā' i Āmulī, Ḫākī i Ḫurāsānī, Kalīm, Ruknā i Kāšānī, Ġanī, Ṣā'īb, Ni'mat-Ḫān i 'Alī, Bīdil, Bahā'ī i Āmulī, Hātif, Saḥāb, Viṣāl, Qā'ānī, Furūġī, Šaibānī, Yaġmā, Adibu'l-Mamālik, 'Ārif, Bahār.

Nr. **3**: 210 × 150 mm, lose Bl. mit Gedichten folgender Dichter:

Mawlānā Banā'ī, Bābā Afẓal Kāšānī, Marwī, Ḫāqānī, Kamāl Ismā'īl, Maḫfī *(Zīnatu'l-Nasā)*, Sa'dī, Qā'ānī,

Faḫru'd-Dīn, Kirmānī, Šāfa'ī, 'Āyaši Samarqandī, Abū 'Alī Sīnā, Bābā Faġānī, Ḫasan i Yazdī u. a. ungeordnet (aber leicht zu ordnen). Pers. Text, vollst. ins Dt. übers. Sauber, geordnet druckreif, dat. 1933–1952.

Nr. **4**: 210 × 150 mm, umfangreich, lose Bl. mit ausgewählten Gedichten neupers. Dichter, in alphabetischer Ordnung der Dichternamen. Pers. Text, vollst. ins Dt. übers. Sauber, nach Bearbeitung druckreif, letzte Dat.: 17. 2. 1957. Umschlag beschriftet mit Buchstaben „*alif-sīn*", es handelt sich hier um ausgewählte Gedichte folgender Dichter:

Ibrāhīm i Ardūbādī, Ibn i Yamīn, Auḥadu'd-Dīn Abu'l-Qaiṣ, Abu'l-Farağ, Abu'l-Faiź i Fayyāźī, Abu'l-Muẓaffar Ibrāhīm, Abu'l-Ma'ānī, Šafī 'Aśar, Aḥmad i Ğāmī, Aḥmad i Ġazzālī i Ṭūsī, Farīdu'd-Dīn i Aḥval, Adīb Ṣābir i Tirmiḍī, Ażarī, Mīrzā Ğalāl Asīrī, Asīr i Aumānī, Asīrī i Lāhīğī', Muḥammad Sa 'īd Ašraf, Afźal i Kirmānī, Imāmī *(Anvār i Suhailī)*, Ḥakīm Asadī, Firdausī, Asadī, Ḫaraqānī, Farruḫī, Asğadī, 'Unṣurī, Minūčihrī, Abū Sa 'īd, Nāṣir i Ḫusrau, Qaṭrān, Anṣārī i Haravī, 'Umar i Ḫayyām, Rūmī, Mas'ūd i Sa'd i Salmān, Sanā'ī, Mahistī, Amir Mu'izzī, *(Ḥadā'iq us-Siḥr)*, 'Am'aq, Muḫtārī, Adīb Ṣābir i Tarmaḍī, Ğabalī, Ḥamīdī, Aḫsīkatī, Sūzanī, Falakī, Vaṭvāṭ, Anvarī, 'Imād i Šahriyārī, 'Abdu'r-Razzāq, Bailaqānī, Ḫāqānī, Ẓahīr i Fāryābī, Niẓāmī, Šarafu'd-Dīn Šufurva, Sa'dī, Faridu'd-Dīn i 'Aṭṭār, Kamāl Ismā'il, Bābā Afẓal, Aumanī, Saif i Bāḫarzī, Pūr i Bahā, 'Irāqī, Ğalālu' d-Dīn i Rūmī, Hamgar, Īmāmī, Auḥadu'd-Dīn i Kirmānī, Humāmu'd-Dīn i Tabrīzī, Niẓārī i Quhistānī, Amīr Ḫusrau, Auḥadī i Marāġa'ī, Ibn i Yamīn, Ni'matu'l-lah, 'Ubaid i Zākānī, Ḫvāğū, Salmān i Sāwağī, Ḥāfiz, Kamāl i Ḫuğandī, Maġribī yi Tabrīzī, Amīr Šāhī, Ummīdī.

43 (undat.) 1 Mappe 230 × 190 mm, geb., Gedichte von:

Mawlānā J̌alāl ad-Dīn Rūmī, Bābā Faġānī, Ḥāfiz. Pers. Text vollst. ins Dt. übers. Sauber, druckreif.

44 (undat.) „*Gulšan-i Rāz*": 2 Hefte 200 × 160 mm:

Nr. **1**: 32 S. (Vers 1–122). Pers. Text, vollst. ins Dt. übers. Sauber, druckreif.

Nr. **2**: 7 S. (Vers 123–149). Pers. Text, vollst. ins Dt. übers. Sauber, druckreif.

45 (undat.) „*Persische Prosa aus elf Jahrhunderten*":

1 Bündel 290 × 200 (über 1000 Bl.): eine sehr wertvolle literaturhistorische Anthologie, mit Vorwort und Inhaltsübersicht; lose, chronologisch geordnete Bl. Pers. Text, vollst. ins Dt. übers., ausgewählte Texte von:
Bal'amī, Muvaffaq, Naṣer e Ḫosrau, Abo'l-Faźl e Beihaqī, Kai Kā'ūs *(Qābūsnāme)*, Niẓām ol-Mulk, Ġazālī, Niẓāmī ye 'Arūźī, Abo'l-Ḥasan e Beihaqī, Ġāzī Malaṭyavī *(Marzbān-nāme)*, Varāvīnī (do), 'Aṭṭār, Sa'dī, Maḥmūd e Šabestarī, Rašīd ad-Dīn, Vaṣṣāf, Mostoufī ye Qazwīnī, 'Obeid e Zākānī, Ḥāfeẓ e Abrū, Doulatšāh, Ǧāmī, Mīrḫwānd, Ḫwāndamīr, Ṭahmasp, Amīn e Rāzī, Eskandar Monšī, Enǧū *(Farhang e Ǧahāngīrī)*, Loṭf 'Alī-Bek Āzar, Nāmī, Qā'ānī, Reźā-Qolī Ḫān Hedāyat, Ǧalāl Pūr e Fatḥ-'Alī-Šāh *(Nāme ye Ḫosravān)*, Šehāb ad-Dīn, Zein ol 'Abedīn aus Marāġe, Pūr e Dā'ūd, Taqīzāde, Ṣādeq Hedāyat, Muḥammad Ramaźānī, Muḥammad Qazvīnī, Ḥasan Pīrniyā, Suheilī Ḫvānsārī, Rašīd Yāsamī, Kasravī ye Tabrīzī, 'Āref e Qazvīnī, Sa'īd Nafīsī.

Sauber, druckfertig.

46 (1943) 1 Heft Prosa-Texte der Neuzeit: 200 × 160 mm, geb. „*Anīrān*" (von Ṣadiq Hidāyat, D. Š. Parto, Bozurg i 'Alawī). Ohne dt. Übers. Dat.: 2. 8. 1943.

47 (undat.) 'Ārif Qazwīnī: „*Tārīḫ-i ḥayāt-i 'Ārif*" (Autobiographie Ārifs), 1 Bd: 200 × 140 mm, geb., 307 S. Pers. Text, auf S. 307 unterbrochen mit dem Zusatz: „*114/1 Es folgen 12 Zeilen schikaste, die zu entziffern mir die Zeit fehlt*" (– demnach also nach einer handschriftlichen

Textvorlage), ohne dt. Übers. Von besonderer dokumentarischer Bedeutung deshalb, weil m. W. die Autobiographie ʿĀrifs nur bruchstückhaft publiziert worden ist. Es könnte sein, daß MELZERS Vorlage eine Abschrift des Originals wäre. Die Vorlage fehlt.

48 (undat.) 1 Mappe 230 × 190 mm, geb.: lose Bl., Notizen, ungeordnete Übers. verstreuter Art! Es kann sein, daß die hier liegenden Bl. anderswo fehlen, daher wichtig!

49 (undat.) 1 Heft 200 × 160 mm, geb. Bibliographie pers. Primär- und Sekundärliteratur, alphab. geordnet.

4.2.5.2. Lexikographische Arbeiten

4.2.5.2.1. Persisch-Deutsch

50 (1948) Persisch-Deutsches Wörterbuch:
7 Bde, 200 × 140 mm:

Nr. **1**:	1 Bd, geb., 353 S., dat. 4. 1. 1948:	"آب" — "اخیر۱"
Nr. **2**:	1 Bd, geb., 357 S., dat. 12. 6. 1948:	"اد" — "اژ"
Nr. **3**:	1 Bd, geb., 270 S., undat.:	"پ" — "پرگس"
Nr. **4**:	1 Bd, geb., 409 S. (S. 271–672), dat. 9. 5. 1947:	"پرگشت" — "پیه مون"
Nr. **5**:	1 Bd, geb., 119 S., dat. 17. 9. 1947:	"ص" — "ظهیریه"
Nr. **6**:	1 Bd, geb., 204 S., dat. 15. 12. 1946:	"و" — "ویلونزدن"
Nr. **7**:	1 Bd, geb., 214 S., dat. 24. 8. 1947: (vgl. a. Nr. **40**,*a*)	"ی" — "ماهیئی"

Diese groß angelegte, bis heute beispiellose Arbeit ist leider bis auf einige Buchstaben unvollst.;

dazu bieten aber die lexikographisch wertvollen, alphabetisch geordneten Karteikarten Melzers eine Ergänzungsmöglichkeit. Es handelt sich hierbei um 28 Schachteln (330 × 160 × 60 mm) mit Zetteln für ein pers.-dt. Wörterbuch. Außerdem gibt es noch folgende Hefte:

51 (1948) Persisch-Deutsches Wörterbuch:
9 Hefte, 200 × 140 mm, geb.:

Nr. **1**: 1 Heft, undat.: "الف" – "یکی کرده"

Nr. **2**: 1 Heft, 31 S., dat. 15. 2. 1947: "ث" – "ثیل"

Nr. **3**: 1 Heft, 40 S., dat. 17. 5. 1947: "خ" – "ذیلاء"

Nr. **4**: 1 Heft, 20 S., undat.: "م" – "ماثوره"

Nr. **5**: 1 Heft, 21 S., undat.: "ماج" – "ماجد"

Nr. **6**: 1 Heft, 80 S., undat.: "ه" – "هزیینه"

Nr. **7**: 1 Heft, 59 S., n. Ha'īm, dat. 20. 11. 1946: "ی" – "بیلاقیّت"

Nr. **8**: 1 Heft, 80 S., undat.: "ی" – "ییلاقیّت"

Nr. **9**: 1 Heft, 20 S., undat.: "ی" – "ییلاق"

52 (1948) 1 Heft, 733 S., n. Ha'īm, dat. 2. 5. '48 (1929–31): "الف" – "آیینه"

53 (undat.) 6 Hefte Nr. 1–6: Sprichwörter, Idiome und Anekdoten aus verschiedenen literarischen Werken. Nur pers. Lemmata alphabetisch geordnet, beginnend mit S. 687/1 Bd **53**.6 endend mit S. 709 mit dem Lemma: "خواب خرگوش"

53a (undat.) Manuskript zu Melzer (1956), S. 2–260.

54 1 Heft 200 × 160 mm, 63 S.: *„Glossar zur Gesetzüberlieferung“ („Farhang-i rawāyāt-i dīnī“).* Nur pers. Nach Sachau (1871), sauber.

4.2.5.2.2. Deutsch-Persisch

55 (1948) Deutsch-Persisches Wörterbuch:

1 Bd 210 × 145 mm, geb., 662 S., beginnend mit *„a“*, endend mit *„Azimut“*. Sauber, dat.: 4. 11. 1948.

56 (undat.) 1 Mappe, enthaltend:

1 Bündel: Deutsch-Pers. Wörterbuch, geheftete Bl. 300 × 210 mm, 500 S., beginnend mit *„a“* bis *„auftischen“* auf S. 500. Sauber, druckfertig.

Weiters: Zeitungsausschnitte, lose Bl. mit Notizen.

57 (undat.) 1 Heft: Deutsch-Pers. Wörterbuch: 200 × 140 mm, geb., 14 S., beginnend mit *„Abfall“*, endend mit *„Chefarzt“*. Sauber.

58 (undat.) 1 Heft: Glossar: Deutsch-Pers. (in Transkription) 210 × 180 mm, über 100 S., maschinens., beginnend mit *„Adler“*, endend mit *„Zahnfleisch“*.

59 (undat.) 1 Heft: 220 × 150 mm, geb., *„Wörterbuch von Pflanzen“* mit stenographischen Erläuterungen auf Dt.

Die u. **55–58** angeführten Bde zusammen mit 5 Schachteln (580 × 130 × 80 mm) von Zetteln, geordnet nach deutschen Wörtern, stellen eine sehr wertvolle Vorarbeit zu einem Deutsch-Pers. Wörterbuch dar.

4.2.6. *Reproduzierte Textvorlagen*

60 (1935–1936) 1 Bd 200 × 160 mm, geb., über 200 S. (getrennte Pag.). Maschinens. Abschriften:

a) Houtum-Schindler, A.: Reisen im nordwestlichen Persien 1880–1882. (*ZGE* Bd 18 ⟨1883⟩) S. 1–55.

b) Kiepert, H.: Dr. Franz Stolzes Reise im südlichen Persien 1875 (*ZGE* Bd 12 ⟨1877⟩). S. 56–61.

c) Houtum-Schindler, A.: Reisen im südlichen Persien. (*ZGE* Bd 16 ⟨1881⟩). S. 62–70.

d) Stahl, A. F.: Reisen in Nord- und Westpersien. (*PGM* 1907). S. 1–55.

e) Stahl, A. F.: *Geologische Beobachtungen in Zentral- und Nordwestpersien.* (Ohne Zitat.) S. 56–112.

f) Herzfeld, Ernst: Eine Reise durch Luristān, ʿArabistān und Fārs. (*PGM* 53 ⟨1907⟩). S. 113–205.

g) Blaremberg, Johann von: Die Paläste von Eschrek am Golf von Astrabad (*PGM* 1875). S. 1–10.

h) Polak, J. E.: *Eine Expedition nach dem Karagan- und Elvendgebiete im Jahre 1882.* Vortrag, gehalten in der k. k. Geogr. Ges. am 27. Februar 1883. (Ohne Zitat.) S. 1–8.

61 1 Bündel Cod. AF 217 (218): beschrieben von Flügel (1865/67), Nr. 530 und Nr. 1962.

61a 1 Mikrofilm Cod. mixt. 374, beschrieben von Flügel (1865/67), Nr. 829.

62 1 Bündel Photos eines arabischen Textes, nicht identifiziert.

63 1 Bündel Photos eines Ms „*Tārīḫ-i Ṭabarī*“.

64 1 Bündel Photos eines arabischen Textes, nicht identifiziert.

65 1 Bündel Photos eines pers. Textes, nicht identifiziert.

4.2.7. *Biographisches Material*

66 Ahnenpaß.

67 Tagebuch. 1. 1.– 31. 12. 1954.

68 Briefe: AFSCHAR an MELZER (2 Karten, 2 Briefe).
Harrassowitz-Verl. an MELZER (1 Karte).
JOSSECK an MELZER (1 Brief).
KETTER an MELZER (1 Karte).
LAIMER an MELZER (1 Karte).
MEHL an MELZER (1 Karte).
NAMDAR an MELZER (1 Brief).
NEUBECK an MELZER (4 Briefe).
PAYER an MELZER (1 Brief).
Port-Verl. an MELZER (1 Brief).
SEIF an MELZER (1 Karte).
T. O. an MELZER (1 Brief).
Ohne Absender an MELZER (1 Brief).
Unleserlich an MELZER (2 Briefe).

MELZER an NEUBECK (1 Brief).

1 Federzeichnung MELZERS, *„Blick ins Hintereggertal oberhalb von Winklern, 2. 8. 1924"*.

2 Urkunden (Verleihung von Verdienstmedaillen des Österr. Kameradschaftsbundes vom 13. 2. 1960).

69 Biographie MELZER, 1985, verfaßt von UTO LAUR (Neffe) in Graz.

70 Personalakt AZ: 7 ME 61/18. 10. 81.

71 Photosammlung.

5. BIBLIOGRAPHIE UTO VON MELZER

5.1. Iranistik

(1923) *Beiträge zur Erklärung der semitischen Wörter im Mittelpersischen, vor allem der semitischen Zeitwörter.* [Nebst:] *Anhang: Ausführliches Verzeichnis der semitischen Zeitwörter im Mp.* Graz, philos. Diss.

(1923) Zum Yätkär i Zarērān. (*ZII* 2, 1, pp. 55–59)

(1925) West- und ostaramäische Formen im Mittelpersischen. (*ZS* 3, pp. 296–305)

(1925) Die aramäischen Zeitwörter im Mittelpersischen. (*WZKM* 32, pp. 116–133)

(1927) Verstümmelte semitische Wörter im Mittelpersischen. (*WZKM* 34, pp. 51–53)

(1927) Zur Aussprache der aramäischen Wörter im Mittelpersischen. (*ZS* 5, 2. pp. 312–338)

(1936) Über einen Vers Anwāri's. (*WZKM* 43, pp. 19–20).

(1937) Über einige Verse Rudakis. (*ZDMG* N.F. 16, pp. 404–406)

(1939) Zwei ungedeutete persische Verse aus dem Siyāsatnāma. (*ZDMG* 93, pp. 294–295)

(1940) Zu 'Antaras Mu'allaqa. (*ZDMG* 94, 1, p. 106)

(1956) *Sechzehnhundert Sätze Persisch.* Wiesbaden.

Rezensiert von: Barr, M. in *Kratylos* 2 (1957), 187–188. Bertels, E. in *Bibliotheca Orientalis* 14 (1957), 178–179.

DUDA, H. W. in *WZKM* 53 (1957), 336. SCHMID, W. P. in *Indogermanische Forschungen* 64, 1 (1958), 109–110. SHAKI, M. & RYPKA, J. in *Orientalische Literaturzeitung* 53 (1958), 157–158. EILERS, W. in *ZDMG* 110, 1 (1960), 163–167.

5.1.1. *Rezensionen*

(1928) LOMMEL, H.: Die Yäšt's des Awesta. Göttingen 1927. (*WZKM* 35, 323–326)

(1929) HERTEL, JOHANNES: Beiträge zur Metrik des Awestas und des Ṛgvedas. Leipzig 1927. (*WZKM* 36, 163–166)

(1929) HERTEL, JOHANNES: Die Sonne und Mithra im Awesta, aufgrund der awestischen Feuerlehre dargestellt. Leipzig 1927. (*WZKM* 36, 166–169)

(1929) REICHELT, HANS: Die soghdischen Handschriftenreste des Britischen Museums in Umschrift und in Übers. hrsg. T. 1.: Die buddhistischen Texte. Heidelberg 1928. (*WZKM* 36, 169–170)

(1931) HUART, CLÉMENT: Le livre de Gerchàsp. Poème persan d'Asadi junior de Ṭous. Publ. et trad. Tom. 1. Paris 1926. (*WZKM* 38, 285–286)

(1931) JACKSON, A. V. WILLIAMS: Zoroastrian Studies. The Iranian religion and various monographs. New York 1928. (*WZKM* 38, 286)

(1931) NORDEN, HERMANN: Persien wie es ist und war. Leipzig 1929. (*WZKM* 38, pp. 286–287)

(1932) HERTEL, JOHANNES: Die awestischen Herrschafts- und Siegesfeuer. Leipzig 1931. (*WZKM* 39, pp. 167–168)

(1932) HERTEL, JOHANNES: Yašt 14, 16, 17. Übers. und Erl. Leipzig 1931. (*WZKM* 39, pp. 168–170)

(1934) JENSEN, HANS: Neupersische Grammatik mit Berücksichtigung der historischen Entwicklung. Heidelberg 1931. (*WZKM* 41, pp. 154–156)

(1934) REICHELT, HANS: Die soghdischen Handschriftenreste des Britischen Museums in Umschrift und in Übers. hrsg. T. 2.: Die nichtbuddhistischen Texte. Heidelberg 1931. (*WZKM* 41, p. 156)

(1934) TAVADIA, JEHANGIR C.: Šāyast-nē-šāyast. A Pahlavi text on religious customs. Hamburg 1930. (*WZKM* 41, pp. 156–157)

(1934) JUNKER, HEINRICH: Ein Bruchstück der Āfrinaghān i Gāhānbār. Leipzig 1932. (*WZKM* 41, p. 319)

(1934) SCHWARZ, PAUL: Iran im Mittelalter nach den arabischen Geographen. Bd 8/1. 2.: Zwickau 1932. Bd 8/3–7: Stuttgart 1933. (*WZKM* 41, pp. 319–320)

(1935) HERTEL, JOHANNES: Die awestischen Jahreszeitenfeste: Āfrīngān 3. Leipzig 1934. (*WZKM* 42, p. 318).

(1941) PAUL, O.: Exegetische Beiträge zum Awesta. Heidelberg 1939. (*WZKM* 48, pp. 156 f.)

5.2. WELTANSCHAULICHE SCHRIFTEN, GEDICHTE

(1907) *Die Fragen aus dem deutschen Volkstum für das Bundeswettturnen in Innsbruck*. Wien.

(1908) *Gedichte*. Graz.

(1909) *Lieder aus der Steiermark*. Graz.

(1916) *Erlebtes in Liedern*. Graz.

(1930) Erziehung im preussischen oder österreichischen Geist? *Pädagogische Zeitschrift*, pp. 155–161

[um 1930] Von den Eigenschaften Gottes. (*Tannenberg. Jahrbuch* II, pp. 44–54.)
Vorsorge statt Fürsorge. [Autorschaft zweifelhaft.] *Leipziger neueste Nachrichten.* 25./4

(1932) *Mehr Bibelkenntnis!* München.

(1933) *Bist Du ein gläubiger Christ?* München.

(1934) *Deutsche Gotterkenntnis.* Graz.

(1950) [Gedichte:] Über den Wäldern, p. 39.
Gott, p. 46.
in: *SJ* 1 für 1951. Salzburg.

(1951) [Gedichte:] Zuversicht, p. 38.
Das Schicksal, p. 62.
Neuer Krieg, p. 88.
Trost an die Alten, p. 95.

[Aufsätze:] Von Sittlichkeit und Glauben, pp. 45 ff.
Zur Sittenlehre Dietrich Heinrich Kevlers, pp. 52 ff.
Zur Sittenlehre der Deutschen Gotterkenntnis (L.), pp. 49 ff.
in: *SJ* 2 für 1952. Graz.

(1952) Schilleransprache gehalten am 9. 11. 1951 zu Graz, pp. 8–17.

[Gedichte:] Vom Vaterhaus zum Vaterland, p. 57.

[Nachruf:] Magister Sepp Stanzar, pp. 74 f.
in: *SJ* 3 für 1953. Villach.

(1954) [Gedichte:] Weltkriegsgedichte, p. 62.
in: *SJ* 5 für 1955. Graz.

1951 und 1954 hatte MELZER die Leitung des *Schiller-Jahrbuches* 2 (für 1952) und 5 (für 1955) inne. Zahlreiche ungezeichnete Beiträge mögen ihm zugeschrieben werden.

5.3. Lehrbücher

(1912) *Zeittafeln zur deutschen und österreichischen Geschichte.* Wien.

(1921–1924) *Das Schönste der deutschen Dichtkunst für jung und alt.* 1–4. Graz.

(1923–1924) *Kurze deutsche Geschichte für Bürgerschulen.* Th. 1–3. 2. Aufl. Graz.

(1925) *Aufgaben zur deutschen Sprachlehre.* Graz.

(1925) *Kurze deutsche Geschichte für Bürgerschulen.* 3. Aufl. Graz.

(1925) *Deutsches Sprachbuch für Bürgerschulen.* Graz.

(1926) *Aufgaben zur deutschen Sprachlehre.* 2. Aufl. Graz.

(1927) *Lernbuch der Erdkunde für Hauptschulen.* Graz.

(1928) *Aufgaben zur deutschen Sprachlehre.* 3. Aufl. Graz.

(1929) *Kurzes Lehrbuch der Geschichte.* Graz.

(1930) *Kurzes Lehrbuch der Geschichte.* 2. Aufl. Graz.

(1930) *Der Weltkrieg.* Graz.

(1931) *Aufgaben zur deutschen Sprachlehre.* 4. Aufl. Graz.

(1935) *Kurzes Lehrbuch der Geschichte.* 3. verb. Aufl. Graz.

(1936) *Taschenbuch der österreichischen Geschichte.* Graz.

6. DIE NACHGELASSENE BIBLIOTHEK

Aufgenommen wurden etwa 750 Titel, das sind alle von MELZER der UBG überlassenen Werke orientalistischer Ausrichtung sowie alle vor 1961 erschienenen Texte aus dem Bestand der UBG, mit denen MELZER sich (in seinem Nachlaß) beschäftigt hatte. Teile seiner Bibliothek befinden sich noch im Institut für Sprachwissenschaft/Abt. Indogermanistik und im Institut für Alte Geschichte und Altertumskunde/Abt. für Geschichte der altorientalischen Kulturen der Universität Graz. Sie wurden ebenfalls in dieses Verzeichnis mit aufgenommen. Einige bis zuletzt unbearbeitet gebliebene Werke konnten von N. RASTEGAR noch rechtzeitig katalogisiert werden, andere – unserer Aufmerksamkeit entgangene Teile der Bibliothek – spürte W. HOHL im letzten Augenblick in den Magazinen der UBG auf.

Eine zweifelsfreie Zuweisung der Bücher an MELZER als Vorbesitzer wird durch die charakteristischen Exlibris möglich (Abbildungsteil).

Ein besonderes Problem bietet die Ansetzung der Namensformen und Titel, da in den Katalogen sowohl der Hauptbibliothek als auch der Fachbibliotheken die Transkriptionen und diakritischen Zeichen ganz uneinheitlich erscheinen. In der Mehrzahl der Fälle entsprechen sie den Katalogisierungsregeln der *Instruktionen für die alphabetischen Kataloge der preußischen Bibliotheken* und decken sich daher häufig nicht mit den Gepflogenheiten der iranistischen Zitierweise.

Eine nachträgliche Vereinheitlichung hätte aber eine Autopsie jedes einzelnen Exemplars vorausgesetzt, woran aus zeitlichen und organisatorischen Gründen gar nicht zu denken war. Die Katalogisate wurden daher trotz ihrer Inkonsequenz exakt so übernommen, wie sie uns vorlagen, und strikt nach mechanischen Grundsätzen geordnet! Zeitschriftentitel und Werke mit mehreren Verfassern finden sich allerdings unter dem ersten Substantiv des Titels. Von Verweisungen weiterer Namensformen desselben Verfassers, der Herausgeber oder von Übersetzungstiteln wurde abgesehen. Primärliteratur muß daher stets unter dem Verfasser nachgeschlagen werden, die weitere Ordnung folgt dem vorliegenden Titel nach mechanischen Prinzipien!

6.1. Handschriften

Mufarrehu'l-qulūb. Papier, 143 Bl. 25 × 15 cm. Undat. Roter Ledereinband mit Goldprägung.
Übersetzung des *Hitopadeśa* aus der Braj Bhāṣā. Durchgeführt um 1446–1447 von Tāj Uddīn auf Auftrag von Malik Naṣīr (d. i. Naṣīr Uddīn), Bahās Sohn, der unter Sultan Maḥmūd Sharqi von Jaunpūr Statthalter von Bihar war. Vgl. Sacy (1818), Hertel (1918/21), Desai (1978).

6.2. Druckschriften

'Abd-al-Baha': 'Abdu'l-Baha. Ansprachen in Paris. 4. Aufl. Frankfurt/M. 1955. I 246.846.

'Abd-al-Ḥusain Ājatī: K.-i-Ta'riḫ-i-Jazd. Čap. 1. Jazd 1317 [1938]. I 330.047.

'Abd -al-Ḳādir al-Baġdādī: Abdulqadiri Bagdadensis lexicon Šahnāmianum . . . ed. Carolus Salemann. T. 1, 1. Petropoli 1895. II 274.788.

Abd-Allah ibn Abd-al-Kadir: Reis van Abd-Allah ben Abd-el-Kada Moensji van Singapore naar Kalautan. Leyden 1855. (Pijnappel, Jahn: Maleisch Leesboek voor erstbeginnenden en meergevorderden. 4.) I 223.263/4.

—: Translations from the Hakayit Abdulla (bin Abdulkadar) Munshii. With comments by J. T. Thomson. London 1874. I 223.268.

'Abd-al-Wahhāb Ibn-Taqī-ad-Dīn as-Subkī: Tāq́ eddīn es-Subki's Mu'īd en-ni'am wa mubīd en-niqam. Deutsch. Mit Kürzungen aus dem Arab. übers. v. Oskar Rescher. Konstantinopel 1925. I 182.466.

'Abd-ar-Rašīd Ibn-'Abd-al-Ǧafūr al-Ḥusainī al-Madanī at-Tattawī: The Farhang-i-Rashīdī. A Persian dictionary by Sayyid 'Abdurrashīd of Tattah. Ed. . . . by Maulawī Zulfaqār 'Alī. Vol. 1. 2. Calcutta 1875. II 274.670.

—: Muntaḫab al-luġāt Šāhǧahānī. Lucknow 1891. II 340.464.

'Abd'l-Ḥamīd Ḫalḫālī: Taẕkara šu'arā'ī mu'āṣir Īrān. Tehran 1333 [1954]. (Zabān Farhang Irān. 6.) I 332.860/6.

'Abdu'l-Fattāh Fūmeny: 'Abdu'l-Fattāh Fūmeny's Geschichte von Gīlān in den Jahren 923 (= 1517) bis 1038 (= 1628). Persischer Text v. B. Dorn. St. Petersburg 1858. (Muhammedanische Quellen zur

Geschichte d. südl. Küstenländer des Kaspischen Meeres. 3.) I 34.219/3.

'ABU 'ABD 'ALLĀH MUHAMMED 'IBN 'ABD 'ALLĀH 'IBN 'IDRĪS: L'Italia descritta nel' „libro del re Ruggero" compilato da Edrisi. Testo arabo pubbl. con versione e note da Michaele Amari e Celestino Schiaparelli. Roma 1878–1883. II 118.726.

'ABŪ 'ALĪ 'AHMED IBN 'UMAR IBN RUSTA: Izvěstija o Chozarach, Burtasach, Bolgarach, Mad'jarach, Slavjanach i Russach Abu-Ali Achmeda ben Omar Ibn-Dasta, neizvěstnago Dosele arabskago pisatelja načala 10. véka, porukopisi Britanskago Muzeja v pervyj raz izdal, pererel i objasnil Daniil Abramovič Chvolson. St. Petersburg 1869. I 122.872.

—: Übersetzung ausgewählter Kapitel aus dem arab. Geographen Ibn Rusta. Von P. Amand Kyas. Braunau 1905. I 499.999.

ABŪ BAKR AHMAD IBN THĀBIT AL-KHATĪB AL-BAGDĀDHĪ: L'Introduction topographique à l'histoire de Bagdādh . . . par Georges Salmon. 1904. II 47.494.

ABŪ BEKR MUḤAMMED IBN JAḤJA: Bi'ūr k'vāvnōt . . . b'hanhagōt hamitbōdēd . . . Hrsg. v. David Herzog. 1896. (Beiträge zur Philosophie des Mittelalters.) I 200.049.

ABU'L 'ABBĀS AHMAD B. JAḤJA: Kitāb al-Faṣiḥ. Nach den Hss v. Leiden u. Berlin hrsg. mit kritischen u. erl. Noten vers. v. J. Barth. Th. 1. Berlin o. J. I 60.536.

ABŪ'L-'ATĀHIJA ISMĀ'ĪL IBN-AL-QĀSIM: Der Dīwān des Abū'l-'Atāhija. Nach dem Druck Beyrouth 1209 aus dem Arab. übers. v. Oskar Reser [Rescher]. T. 1. Stuttgart 1928. I 191.156.

ABUL-CĀSIM ABD EL-RAHMAN BEN ABDALLAH IBN ABD EL-HAKAM EL KURESCHI: Ibn Abdolhakami libellus de historia Aegypti antiqua, quem ad summos in philosophia honores . . . ute obtinendos latine reddidit Josephus Karle. Gottingae 1856. II 66.630.

ABŪ'L FAḌL BADĪ AZ-ZAMĀN AL-HAMADĀNĪ: Maqāmāt. Masr 1342 [1923]. I 482.633.

ABŪLFEDA, ISMAEL IBN NASSER: Historia Anteislamica, Arabice. E duobus codd. . . . ed. versione latina, notes et indicibus auxit Henricis Orthobius Fleischer. Lipsiae 1831. II 97.920.

ABUL HASAN 'ALI IBN AHMAD AL-ASADĪ AT-TŪSĪ: Neupersisches Wörterbuch, lughat-i furs, nach d. einzigen vaticanischen Hs hrsg. v. Paul Horn. Berlin 1897. II 85.385.

ABŪ'L-QASIM, IBN SADIRA: Cours de langue kabyle. Grammaire et versiones. Par Belkassem Ben Sedira. Alger 1887. I 221.796.

Abu Mohammed Abd Allah Ben Ahmed el Malāky Ibn el Baithar en Nebāty al 'Aschab: Kitab algamiu alkabiru . . . bamfaradas . . . Auch mit dem deutschen Titel: Grosse Zusammenstellung über die Kräfte d. bekannten einfachen Heil- u. Nahrungsmittel . . . Aus dem Arab. übers. v. Joseph v. Sontheimer. Bd 1. 2. Stuttgart 1840–1842. II 87.184.

—: Traité des simples. Bd 1. 2. Paris 1877–1881. (Notices et extraits des manuscrits de la Bibliothèque Nationale et autres bibliothèques. T. 23. 25.)

Abū Nuwās: Dīwān. Misr 1322 [1904/05]. I 245.472.

—: Diwān des Abu Nowas nach d. Wiener u. Berliner Handschrift . . . hrsg. v. Wilhelm Ahlwardt. 1. Greifsfeld 1861. I 330.172.

—: Diwān des Abu Nuwās, des größten lyrischen Dichters der Araber. Zum ersten Male deutsch bearb. v. Alfred v. Kremer. Wien 1855. I 245.471.

—: Muḫtārāt min ši'rihi. In: Farrūḫ, 'Umar: Abū-Nuwās. 2. 1933. I 328.949.

Abū Obejd 'Abdallāh al-Bekri: Izvěstija al-Bekri i drugichavtorov o Rusi i Slavjanach. Stat'i i razyskanija A. Kunika i barona V. Rozena. St. Petersburg 1878–1903. I 123.230.

Abū Tamām Ḥabīb Ibn Awas al-Ṭā'ī: Dīwān al-ḥamāsa. Misr 1334 [1916]. I 330.315.

Abū-Tammām: Naqā'id Ǵarīr wa'l-Aḫtal. Ta'līf . . . Abī-Tammām. Beirut 1922. II 176.043.

Abū Zaid Sa'īd Ben Ans al-Anṣārī: Kitāb al-Nawādir fi'l Lugha. Beirut 1894. I 189.709.

Aeschylus: Aischylos. Die Perser. Ins Deutsche übertr. v. Hans v. Wolzogen. Leipzig 1944. (Reclams Universal-Bibliothek. 1008.) I 277.440.

'Aǵā'ib al-aqālīm as-sab'a ilā nihājat al-'imāra, s. Suhrāb [Verf.] II 196.048/5.

Aǵānī, Kitāb al-, s. 'Alī Ibn-al-Ḥusain al-Iṣfahānī [Verf.] II 198.938.

Agapius episcopus Mabbugensis: Historia universalis. Ed. L. Cheikho. Réimpr. anastatique. Textus. Louvain 1954. (Corpus scriptorum Christianorum Orientalium. 65 = Scriptores Arabici. 10.) II 146.148/65.

Aḥmad Kisrawī Tibrīzī, Sajjid: Ādarī jā zabān ba-āsitān-i-Adarbāiǵān. Teheran 1304 [1925]. I 320.729.

Ā'īn Dādarsī. Teheran 1918 [1939]. I 321.907.

ĀLĀTĪ, ḤASAN AL-: Kitābu tarwīh al-nufūs. [Hrsg.] Ḫalīl Kin'. Ǵuz 1–3. Masr 1889–1891. I 330.574.

Alf laila wa-laila. – Tausend und eine Nacht. Aus dem Arab. übertr. v. Max Henning. 13. 16–21. Leipzig 1921. (Reclams Universal-Bibliothek. 3926/3927. 3975/3976. 3995/3996. 4051/4052. 4066/4067. 4087/4088.) I 325.695.

'ALĪḪĀN: Hikmat ṭabī'ī uṣūli 'ilmi Fīzīk. Teheran 1295 [1916]. I 323.096.

'ALĪ IBN-AL-ḤUSAIN AL-IṢFAHĀNĪ: Kitāb al-Aġānī. Ta'līf Abī'l-Faraǵ 'Alī Ibn-al-Ḥusain al-Iṣfahānī. Tab'a 1–9. Kairo 1927–1936. (Dār al-kutub al-miṣrīja Al-qism al-adabī.) II 198.938.

ALĪ IBN-HAZM AL-ANDALUSI: A book containing the Risala known as dove's neckring about love and lovers. Transl. by A. R. Nykl. Paris 1931. I 179.303.

–: Halsband der Taube: Über die Liebe und die Liebenden. Aus dem Arab. übers. v. Max Weisweiler. Leiden 1941. I 179.961.

–: Ibn Hazam al Andalusi. Das Halsband der Taube: Von der Liebe und den Liebenden. Aus dem arab. Urtext übers. v. Max Weisweiler. Frankfurt/M. 1961. I 258.813.

'ALĪ IBN-SAHL RABBAN AT-TABARĪ: Firdaus al-hikma fī'ṭ-ṭibb. [Hrsg.] Muḥammad Zubair aṣ-Ṣiddīqi. Berlin 1928. I 154.680.

–: Die propädeutischen Kapitel aus dem Paradies der Weisheit über die Medizin des 'Ali b. Sahl Rabban aṭ-Ṭabarī. Übers. u. erl. v. Alfred Siggel. Wiesbaden 1953. (Akademie d. Wiss. u. d. Literatur. Abhandlungen d. geistes- u. sozialwiss. Kl. 1953, 8.) I 199.478/ 1953, 8.

'ALĪ RIẒĀ, IBN 'ABD'L-KARĪM: Das Tārīkh-i-Zendīje des Ibn 'Abd el-Kerīm 'Alī Riẓā von Šīrāz. Hrsg. u. mit einer Einl. vers. v. Ernst Beer. Leiden 1888. I 269.779.

ALI SU'AWI: Die Lieder des Ali Suavi. Aus dem Arab. übers. v. Veit Lamberg. Wien 1884. I 201.853.

AMĪR, 'ALĪ: A short History of the Saracens. Being a concise account of the rise and decline of the Saracenic power . . . London 1953. I 227.304.

AMĪR HUSRAU DIHLAVĪ: Kuliyāt-i 'anāsir dawāyin-i Ḫusrau. 4. Aufl. Kanpur 1333 [1916]. I 482.627.

'AMR IBN AL-'ABD ṬARAFAH AL-BAKRĪ: Dīwān, accompagné du comm. de Yousouf al-Alam de Santa Maria . . . publié . . . par Max Seligsohn. Paris 1901. II 47.494.

'AMR IBN BAḤR AL-ǴĀḤIẒ: Exzerpte und Übersetzungen aus den Schriften des Philologen und Dogmatikers Ǵāḥiẓ aus Baçra (150–250 H.)

nebst noch unveröff. Originaltexten [v. Oskar Rescher]. T. 1. Stuttgart 1931. I 191.039.

—: Kitāb al-ḥajawān li-Abī-Uṯmān 'Amr Ibn-Baḥr al-Ǵāḥiẓ al-Baṣrī . . . Ǵuz 1–7. Masr 1323–1325 [1905–1907]. II 274.958.

—: Das kitāb el-Maḥāsin wa'l-masāwī (Über die guten und schlechten Seiten der Dinge). Nach Gerlof van Vlotens Ausg. (Leyden 1898) aus dem Arab. übers. v. Oskar Rescher. T. 1. 2. Konstantinopel 1922–1926. I 182.464.

ANDREAS, FRIEDRICH KARL: Iranische Dialektaufzeichnungen aus dem Nachlaß v. F. C. Andreas. . . . hrsg. v. Arthur Christensen. T. 1. Berlin 1939. (Abhandlungen d. Ges. d. Wiss. zu Göttingen. Phil. hist. Kl. 3, 11.) II 95.385/3, 11.

'ANǦAVI ŠĪRĀZĪ, ǦAMĀL AD-DĪN HUSAIN MULAQIB BE 'AẒAD'UL-DAULA: Farhang-i Ǧahāngīrī. Ǵeld 1. 2. Lakhnu 1293 [1876]. I 482.625.

'ANṢAR, HAKĪM: Dīwān. [0. 0., um 1900]. I 323.090.

ANWARĪ: Le Destān d'Umūr Pacha (Dūstūrnāme-i Enverī). Texte, trad. et notes par Irène Mélikoff-Sayar. Paris 1954. (Bibliothèque byzantine. Sér. Documents. 2.) II 273.085/Ser. Doc. 2.

ANWARĪ, AUḤAD-AD-DĪN 'ALĪ: Dīwān. Täbris 1266 [1850]. II 340.674.

—: Dīwān-i-Anwarī, bihtimām Muḥammad Taqī Mudarras Radawī. Ǵild 1. Tehran 1337 [1958]. (Mağmū'i Matwan Fārsī. 1.) I 331.903/1.

—: Muntaḫabāt-i-qaṣā'īd-i-Anwarī. Bombay 1937. I 269.595.

ANWARĪ, ḤAKIM AUḤADU'DĪN MUḤAMMAD: Kulliyyāt-i naẓm-i Anvarī. 1. Aufl. Kānpur 1897. I 482.624.

Aogemadaēcā. Ein Parsentraktat in Pāzend, Altbaktrisch und Sanskrit. Hrsg., übers., erkl. u. mit Gloss. vers. v. Wilhelm Geiger. Erlangen 1878. I 204.582.

ĀQĀ MĪRZĀ ĀBŪ AL-ḤASAN ǴALŪH ṬĀB ZARĀH: Dīwān Aš'ār. Teheran 1348 [1929]. I 320.731.

'ĀRIF AL-'ĀRIF: Die Beduinen von Beerseba. . . . Aus dem Arab. übers., mit einer Einl. u. mit Anm. vers. v. Leo Haefeli. Luzern 1938. I 158.302.

—: The Tragedy of Palestine. Sidon 1962. I 331.803.

A'ŠĀ, MAIMŪN IBN-QUAIS AL-: Zwei Gedichte von Al-'A'šā. Hrsg., übers. u. erl. v. R. Geyer. 2. Waddi' Hurairata. Wien 1919. (Akademie d. Wiss. in Wien. Phil.-hist. Kl. Sitzungsberichte. 192, 3.) I 7.496/192, 3.

ASADĪ ṬŪSĪ, 'ALĪ IBN-AḤMAD: Garšāsbnāma. [Hrsg.] Ḥabīb Jaǵmā'ī. Teheran 1317 [1938]. I 269.864.

—: Le Livre de Gerchasp. Poème persane d'Asadī junior de Ṭoūs. Publ. et trad. par Clément Huart. T. 1. Paris 1926. (Publications de l'École nationale des langues orientales vivantes. Sér. 6, 2.) II 176.175/6, 2.

—: Loqat-e-fors. A dictionary in Persian language. Publ. . . . by Paul Horn (Göttingen 1897). With further corr. & indexes by Mohammed Dabir Syaqi. Tehran 1957. (Zabān wa farhang Iran. Iranian culture and literature. 19.) I 332.860/19.

'Asağadī maruzī, Abū Nazar 'Abd'l-azīz Ibn Mansūr: Dīwān. Bīhtimām wa taṣḥīḥ wa tahšīhi Ṭāhirī Šihāb. Bīmuqaddama Sa'īd Nafīsī. Tehran 1334 [1955]. (Zabān wa farhang Iran. Iranian culture and literature. 8.) I 332.860/8.

'Aš'āru-l-Huḏalijjīna. – Die Lieder der Dichter vom Stamme Huḏail aus dem Arab. übers. v. Rudolf Abicht. Namslau 1879. II 209.169.

'Āšiq-Paša-Zāda: Vom Hirtenzelt zur Hohen Pforte. Übers., eingel. u. erkl. v. Richard Franz Kreutel. Graz 1959. (Osmanische Geschichtsschreiber. 3.) I 226.481/3.

'Aṭṭār, Farīd-ad-Dīn: Ilāhī-nāma. Die Gespräche des Königs mit seinen sechs Söhnen. . . . Hrsg. v. Hellmut Ritter. Leipzig 1940. (Bibliotheca Islamica. 12.) II 274.598/12.

—: Kitāb Taḏkirat al-aulijā' min taṣnīf aš-šaiḫ Abī-Ḥāmid Muḥammad Ibn-Ibrāhīm Farīd-ad-Dīn 'Aṭṭār. Bi-sa'j wahtimām wa-taṣḥīḥ Reynold A. Nicholson. An-niṣf 1. 2. London 1905–1907. (Persian historical Texts. 3. 5.) I 330.170/3. 5.

—: Leben und Sprüche der Sufi-Meister des Islams. Aus dem Pers. übers. v. H. Kazemzadeh-Iranschähr. Berlin-Friedenau 1934. I 330.318.

—: Mantic Uttaïr ou le langage de oiseaux, poème de philosophie religieuse, par Farid-Uddin Attar. Publ. en persan par Joseph-Héliodore Garcin de Tassy. Paris 1857. II 274.653.

—: Mantiq aṭ-ṭair. Teheran 1319 [1900]. I 320.730.

—: Pandanāma. Teheran 1305 [1886]. I 330.321.

—: Pandnāma. [Hrsg.] Silvestre de Sacy. Paris 1819. I 320.603.

—: Taḏkurat al-aulijā. Bombay 1325 [1906]. I 330.344.

—: Die Vita des Ibrahim ben Edhem in der Tedhkiret el-Ewlija des Ferid ed-din Attar. Eine islamische Heiligenlegende v. Jakob Hallauer. Leipzig 1925. (Türkische Bibliothek. 24.) I 320.710/24.

'Aṭṭār Nišābūrī, Farīd-ad-Dīn Abū Ḥamid Ibn Abū Bakr Ibrahīm Ibn Isḥaq: Dīwān Qaṣāyid wa-Gazalliāt. [Hrsg.] Sa'īd Nafīsī. Teheran 1319 [1940]. I 330.371.

Avicenna: Abū-'Alī al Husain Ibn-'Abdallāh Ibn-Sīnā. Aḥwāl an-nafs. Risāla fī 'n-nafs wa-baqā' iha wa-ma'ādihā li-Bn-Sīnā. . . . Haqqaqahā wa-qaddama ilaihā Aḥmad Fu'ād al-Ahwānī. Cairo 1371 [1952]. I 402.961.

—: Avicennae (Ibn-Sīnā) metaphysices compendium an-Naǵāt ex Arabo Latinum reddidit et edn. adornavit Nematallah Carame . . . Roma 1927. I 182.369.

—: Tarǵama-i-kitāb-i-išārāt. Taṣnīf-i-Abū-'Alī Sīnā. Teheran 1316 [1937]. I 330.204.

Bābar, Ẓahīr-ad-Dīn Muḥammad: Denkwürdigkeiten des Zehir-Eddin Muhammed Baber. Von ihm selbst im Dschagatāi Türkischen verfaßt u. . . . deutsch bearb. v. A. Kaiser. Leipzig 1828. I 125.210.

Bacmeister, Ernst: Maheli wider Moses. Tragödie. Berlin 1932. I 325.471.

Bahā'-ad-Dīn, Muḥammad Walad Ibn-Ǵalāl-ad-Dīn Rūmī: Waladnāma. Matnawī-i-Waladī. [Hrsg.] Ǵalāl-ad-Dīn Humā'ī Iṣfahānī. Teheran 1315 [1936]. I 320.559.

Bahār: Bahār-i 'aǰam. 2. Aufl. Ǵild 1. 2. Lakhnu 1311/1312 [1893]. III 446.366.

Baihaqī, 'Alī Ibn-Zaid Ibn-Funduq: Ta'rīh-i-Baihaq. Ta'līf 'Alī Ibn-Zaid Baihaqī Ibn-Funduq. [Hrsg.] Ahmad Bahmanjār. Teheran 1317 [1938]. I 269.750.

Bakiçelebioğlu, Zeki Cemal: Türkçe-Almanca yeni Lūgat. Ikinci tabi. Yeniden tadil edilmiş ve iki misli büyütülmüştür. Bütün haklari kanunen mahfuzdur. Istanbul 1941. I 320.605.

Bākrī, Abū-'Ubaid 'Abdallāh Ibn-'Abd-al-'Azīz al-: Al Masālik wal-mamālik. Description de l'Afrique septentrionale par Abou-Abeid-el-Bekri. Texte arabe, revu sur 4 ms et publié . . . par William MacGuekin de Slane. 2. éd. Paris 1911. I 222.408.

Bāqī, Maḥmūd 'Abd-al-: Baki's Diwan. Zum ersten Mahle ganz verdeutscht v. Joseph v. Hammer. Wien 1825. I 11.420.

—: . . . Dīwān ghazalijjāt. Nach den Hss v. Leiden, Leipzig, München und Wien hrsg. v. Rudolf Dvorak. Leiden 1908–1911. I 125.377.

Bartheel, Karla: Unter Sinai-Beduinen und Mönchen. Eine Reise. 2. Aufl. Berlin 1943. I 279.438.

Barūḥīm, Is.: Luġat-ğajbī-barūḥīm. Fārsīsi-frānsa. Dictionnaire de poche Beroukhim persan-francais. . . . Teheran 1307 [1928]. I 320.372.

Beck, Sebastian: Neupersische Konversationsgrammatik mit bes. Berücks. d. modernen Schriftsprache. Heidelberg 1914.

Beitraege zur Kenntniß der iranischen Sprachen. Hrsg. v. B. Dorn u. Mirsa Muhammed Schafy. Th. 1. 2. St. Petersburg 1860–1866. I 34.213.

Belot, J. B.: Vocabulaire arabe-français à l'usage des étudiants. 12. éd. . . . Beyrouth 1924. I 320.253.

Bergstraesser, Gotthelf: Die Negationen im Ḳur'ān. Ein Beitrag zur historischen Grammatik des Arabischen. Leipzig 1911. MAO/620/B 499.

—: Wilhelm Gesenius' hebräische Grammatik. Mit Beitr. v. M. Lidzbarski. 29. Aufl. T. 1. 2. Leipzig 1918–1929. MAO/420/B 499.

Bertel's, E. E.: Bachtiar-name. Persidskij tekst i slovar'. Leningrad 1926. (Leningradskij Institut živych vostočnych jazykov im. A. S. Enukidze. 15.) I 333.963/15.

Biblia Arabisch. – Al-Kitāb al-Muqaddasu. Bayrut 1897. I 269.558.

Biblia Persisch. – Kitābi muqaddas. Ya'ni kutub 'ahdi 'atiq wa 'ahdi ğadīd. . . . Lundun 1895. I 269.555.

Bibliothek türkische. – Türkische Bibliothek. Hrsg. v. Georg Jacob u. Rudolf Tschudi. Bd 20. 24. Berlin 1919–1925. I 320.710.

Bīdil: Dīwān. Ma'nukāt. Lucknow 1893. I 332.892.

Bidpai: Der Alten Weisenn exempel sprüch mit vil schönen Beyspilen und figuren erlauchtet. Darinnen fast aller menschen wesen . . . angezeyt werden. Straszburg 1595. II 8.507.

—: Das Buch des Weisen in lust- und lehrreichen Erzählungen des indischen Philosophen Bidpai. Aus dem Arab. v. Philipp Wolff. 1. 2. Stuttgart 1839. (Morgenländische Erzählungen.) I 320.254.

—: Les Fables politiques et morales de Pilpai, philosophe indien ou la conduite des grands et des petits. Rev., corr. & augm. par Charles Mouton. Hamburg 1750. I 25.191.

Birjukov, Pavel Ivanovič: Paolo Biriukof – Edmondo Marcucci. Tolstoi e l'oriente. Lettere, testimonianze, comm. Milano 1952. II 340.470.

Birk, Alfred: Der Suezkanal. Seine Geschichte u. seine wirtschaftspolitische Bedeutung für Europa, Indien u. Ägypten. Von Alfred Birk u. Karl Hermann Müller. Hamburg 1925. I 330.625.

Bīrūnī, Muhammad Ibn-Ahmad al-: Kitāb as-Saidana fi't-tibb. Eingel., übers. u. erl. v. Max Meyerhof. Berlin 1932. (Quellen u. Studien zur Geschichte d. Naturwiss. u. d. Medizin. 3, 3.) II 177.708/3, 3.

Bittner, Maximilian [Hrsg.], s. *Buecher, Die heiligen, der Jeziden oder Teufelsanbeter.* 1913. II 399.195.

Bīžan, A.: Sīr-i-tamaddan wa tarbījat dar Īrān-i-bāstāni. Tehran 1316 [1937]. I 331.749.

Blau, Otto: Commercielle Zustände Persiens. Aus den Erfahrungen einer Reise im Sommer 1857. Berlin 1858. I 279.419.

Bleibtreu, J.: Persien. Das Land der Sonne und des Löwen. Freiburg/Br. 1894. (Illustrierte Bibliothek d. Länder- u. Völkerkunde.) Ir 293.

Bleibtreu, Karl: Von Robespierre zu Buddha. Leipzig 1899. I 330.630.

Bodenstedt, Friedrich: Aus dem Nachlasse Mirza Schaffy's. Neues Liederbuch mit Prolog u. erl. Nachtr. Miniatur-Ausg. Berlin 1876. I 328.619.

—: Aus dem Nachlasse des Mirza-Schaffy. Neues Liederbuch. Volksausg. 15. verm. Aufl. Leipzig 1887. I 262.414.

—: Die Lieder des Mirza-Schaffy mit einem Prolog. 70. Aufl. Berlin 1877. I 262.435.

—: Tausend und ein Tag im Orient. 2. verb. Aufl. Bd 1–3. Berlin 1853–1854. I 276.860.

Breuer, Leopold: Israelitische Glaubens- und Pflichtenlehre. 5. unveränd. Aufl. Wien 1876. I 332.723.

Broegelmann, Emil: Die religiösen Erlebnisse der persischen Mystiker. Hannover 1932. I 330.340.

Browne, Edward Granville: A History of Persian literature in modern times (a. d. 1500–1924). Cambridge 1924. I 279.418.

—: A History of Persian literature under Tartar dominion (a. d. 1265–1502). Cambridge 1920. I 279.417.

—: A literary History of Persia. From Firdawsi to Sa'di. London 1906. I 279.441.

—: [Vorr.], s. Marzubān Ibn-Rustam Ibn-Sarwīn: Kitāb-i-Marzubānnāma. I 131.048/8.

—: [Übers.], s. Muḥammad Ibn-'Abd-al-Wahhāb Qazwīnī: Notes to the Persian text of the Chahár maqála of Niẓámí-i-'Arūḍī. 1921. I 131.048.

—: [Übers.], s. Niẓāmī al-'Arūḍī: Čahār maqāla. 1921. I 131.048.

—: Tārīḫ adabiyat-i Īrān. [Übers. v.] Rašid Yāsamī. Teheran 1316 [1938]. I 482.622.

—: A Year amongst the Persians. With a memoir by E. Denison Ross. Cambridge 1926. I 279.422.

Brugsch, Heinrich Pascha: Aus dem Morgenlande. Mit einer Lebensbeschreibung des Verf. v. Ludwig Pietsch. Leipzig 1893. (Reclam's Universal-Bibliothek.) I 325.352.

—: do. Leipzig 1897. (Reclam's Universal-Bibliothek. 3151/3152.) I 277.510.

—: Reise der k. preussischen Gesandtschaft nach Persien. 1860 und 1861. Bd 1. 2. Leipzig 1862. I 279.443.

BRUGSCH, MOHAMMED: Arabisch-deutsches Handwörterbuch. Lfg 1–7. Hannover 1926. II 275.947.

Buecher fünfzig. — Die fünfzig Bücher. Vol. 14. Berlin 1916. I 187.839.

Buecher heiligen Jeziden. — Die heiligen Bücher der Jeziden oder Teufelsanbeter. Hrsg. v. Maximilian Bittner. Wien 1913. (Denkschriften d. k. Akademie d. Wiss. in Wien. Phil.-hist. Kl. 55, 5.) II 399.195.

CASSEL, DAVID: Hebräisch-deutsches Wörterbuch. 8. Aufl. Breslau 1909. II 340.530.

Catalogue of works relating to Islamic culture. Calcutta 1929. I 334.086.

CHEIKHO, LOUIS: [Hrsg.], s. AGAPIUS episcopus Mabbugensis: Historia universalis. 1954. II 146.148/65.

—: [Hrsg.], s. EUTYCHIUS patriarcha Alexandrinus: Annales. 1954. II 146.148/50–51.

—: [Hrsg.], s.IBN-AR-RĀHIB, PETRUS: Chronicon orientale. 1955. II 146.148/45–46.

CHRISTENSEN, ARTHUR: [Hrsg.], s. ANDREAS, FRIEDRICH KARL: Iranische Dialektaufzeichnungen. 1939. I 95.385/3, 11.

—: Contes persans en langue populaire, publ. avec une trad. et des notes. Kobenhavn 1918. (Kgl. Danske Vidensk. Selskab. Hist.-fil. Meddelelser. 1, 3.) I 190.649/1, 3.

—: Contributions à la dialectologie iranienne. . . . 1. 2. Kobenhavn 1930–1935. (Kgl. Danske Vidensk. Selskab. Hist.-fil. Meddelelser. 17, 2. 21, 3.) I 190.649/17, 2. Ir 160.

—: Critical studies in the Rubá'iyát of 'Umar-i-Khayyám. A rev. text with Engl. transl. Kobenhavn 1927. (Kgl. Danske Vidensk. Selskab. Hist.-fil. Meddelelser. 14, 1.) I 190.649/14, 1.

—: Dialecte der Sämnan. Kopenhagen 1915. MAO/920/C 554.

—: L'Empire des Sassanides. Kobenhavn 1907. (Memoires de l'Acad. royale des sciences et des lettres de Danemark. Ser. 7, 1, 1.) MAO/ 300/C 554.

—: Essai sur la démonologie iranienne. Kobenhavn 1941. (Kgl. Danske Vidensk. Selskab. Hist.-fil. Meddelelser. 27, 1.) I 190.649/27,1. Ir 393.

—: Études sur le Zoroastrisme de la Perse antique. Kobenhavn 1928. (Kgl. Danske Vidensk. Selskab. Hist.-fil. Meddelelser. 15, 2.) I 190.649/15, 2.

—: L'Iran sous les Sassanides. Copenhague 1936. (Annales de Musée Guimet. Bibliothèque d'études. 48.) I 89.186/48.

—: Die Iranier, in: Goetze, Albrecht: Kleinasien. 1933. II 97.737/ 3, 1, 3, 3, 1.

—: Les Kayanides. Kobenhavn 1931. (Kgl. Danske Vidensk. Selskab. Hist.-fil. Meddelelser. 19, 2.) I 190.649/19, 2.

—: Märchen aus Iran. Aus dem Pers. übertr. u. eingel. Jena 1939. (Die Märchen d. Weltliteratur.) I 182.150/36.

—: Le premier chapitre du Vendidad et l'histoire primitive des tribus iraniennes. Kobenhavn 1943. (Kgl. Danske Vidensk. Selskab. Hist.-fil. Meddelelser. 29, 4.) I 190.649/29, 4.

Clair-Tisdall, W. St.: Modern Persian Conversation-Grammar with reading lessons. . . . 3. ed. with key. London 1923. I 276.877.

Couperus, Louis Marie Anne: Aphrodite in Ägypten. 3. Aufl. Leipzig 1920. I 276.909.

Dalman, Gustaf H.: Aramäisch-neuhebräisches Handwörterbuch zu Targum, Talmud und Midrasch. 3. unveränd. Aufl. . . . Göttingen 1938. I 279.444.

Dānišgāh-i-Tihrān. – Wizārat-i-farhang. Dānišgāh-i-Tihrān. Rāhnumā-i-Dānišgāh-i-Tihrān. Ǵild 2. Teheran 1318/1319 [1940/1941]. I 331.908.

Dankner, Leo: Schalome. Eine Tragödie. Wien 1924. I 277.317.

Dastūr zabān fārsī. 'Abd'l-'Aẓīm Ḳarīb [u. a.]. 1. 2. Teheran [um 1930]. I 323.091.

Dedekind, Alexander: Des Ägyptologen Ernst von Bergmann's Leben u. Wirken. 2. Aufl. Wien 1906. I 279.719.

Defoe, Daniel: Ra'binsan Kru'so. Transl. from the Urdu into Persian by Sher Ali of Kabul, and ed. in the Roman character by T. W. H. Tolbert. London 1878. I 320.252.

Delitzsch, Friedrich: Die Welt des Islams. Berlin 1915. (Männer u. Völker.) I 277.331.

Dieterich, Karl Friedrich Wilhelm: Arabisch-Deutsches Handwörterbuch zum Koran und Thier und Mensch vor dem König der Genien. 2. verm. u. verb. Aufl. Leipzig 1894. I 279.423.

Diez, Ernst: Am Hofe der Sassaniden. Berlin 1942. I 325.371.

—: Die Kunst der islamischen Völker. Berlin 1915. (Handbuch d. Kunstwiss.) MAO/675/D 568.

Dīnā-i-mēnōk. – Dīnā i mēnōk i hrat. The Dīnā i mainū i khrat or the religious decisions of the spirit of wisdom. The Pahlavi text . . .

ed. . . . by Darab Dastur Peshotan Sanjana. App. Bombay 1895. I 330.207.

DOEVEL, HANS: Persiens auswärtige Wirtschaftsbeziehungen. Hamburg 1933. I 279.432.

Dokumente englische Erdrosselung. – Englische Dokumente zur Erdrosselung Persiens. Berlin 1917. I 279.474.

Dokumente englische Erdrosselung Persisch. – Kašf Tilbus. Berlin 1336 [1917]. I 330.342.

DREYFUS, HIPPOLYTE: Babismus und Behaismus. Der Islam in seinem Verhältnis zur modernen Zivilisation. Von Baron Bernard Carra de Vaux. Frankfurt/M. 1909. (Bibliothek d. Aufklärung.) I 320.725.

DSCHAMI, ABDURRAHMAN: Drei allegorische Gedichte Molla Dschami's. Aus dem Pers. v. Vinzenz E. v. Rosenzweig. Wien 1840. II 274.852.

–: Der Frühlingsgarten von Mewlana Adurrahman Dschami. Aus dem Pers. übertr. v. Ottokar Maria Frh. v. Schlechta-Wssehrd. Wien 1845. I 330.394.

–: Joseph und Suleicha. . . . Übers. u. durch Anm. erl. v. Vincenz Edlem v. Rosenzweig. Wien 1824. I 11.463.

–: Medschnun und Leila. . . . In deutscher Nachbildung v. Adolf Friedrich Graf v. Schack. Stuttgart 1890. I 212.440.

DSCHAMI, BEN HASSARAGIL: Proben aus einer Uebersetzung des . . . Beharistan von Robert Hammerling. Triest 1856. I 499.999.

ḎŪ'L-FAQĀR, QIWĀM-AD-DĪN ḤUSAIN IBN-ṢADR-AD-DĪN 'ALĪ ŠIRWĀNĪ: A Facsimile of the manuscript (Or. 9777) of Dīwān i Ẕu'l-Faḳar. . . . Ed. with an introd. by Edward Edwards. London 1934. I 330.343.

Ephemerides orientales. Bericht über neue Erwerbungen. Oriental booklist of Otto Harrassowitz, Leipzig. Nr. 27–83. Leipzig 1925–1941. I 228.598.

Ephemerides Persarum per totum annum juxta epochas celebriores orientis. Augustae Vind. 1696. II 18.856.

ERBERG, OLEG: Afghanische Erzählungen. Berlin 1947. I 326.805.

ETHÉ, HERMANN: A descriptive Catalogue of the Arabic and Persian manuscripts in Edinburgh Univ. Library. Edinburgh 1925. I 181.325.

–: Essays und Studien. Berlin 1872. I 160.741.

—: Firdusi als Lyriker. München 1872. (Sitzungsberichte d. phil.-philol. u. hist. Kl. d. k. Akad. d. Wiss. zu München. 1872, 2, 3.) I 332.963.

—: Die höfische und romantische Poesie der Perser. Hamburg 1887. I 279.424.

—: Morgenländische Studien. Leipzig 1870. I 276.868.

EUTYCHIUS patriarcha Alexandrinus: Eutychii patriarchae Alexandrini annales. Ed. Louis Cheikho [u. a.]. Réimpr. anastatique. Textus, 1. 2. Louvain 1954. (Corpus scriptorum Christianorum Orientalium. 50. 51. = Scriptores Arabici. 6. 7.) II 146.148/50. 51.

Evangelia Arabisch. – Die vier Evangelien arabisch. Aus d. Wiener Handschrift hrsg. v. Paul de Lagarde. Leipzig 1864. I 183.476.

Evangelia Syrisch. – The fourfold Holy Gospel. Tetraevangelium sanctum in the Peshitta Syriac versions. London 1914. I 189.629.

FAGNAN, E.: Additions aux dictionnaires arabes. Alger 1923. II 275.948.

—: [Übers.], s. JA'QŪB IBN-IBRĀHIM, ABŪ-JŪSUF: Le livre de l'impôt foncier. 1921. III 230.068/1.

FAẖR AL-DĪN AS'AD AL-ASTARĀBĀDĪ AL-FAẖRĪ, AL-GURGĀNĪ: Wīs o rāmīn. Ed. by W. N. Lees and Munshi Ahmad Ali. 1. 2. Calcutta 1865. I 330.370.

FĀRĀBĪ, ABŪ-NASR MUḤAMMAD IBN-MUḤAMMAD IBN-ṬARHĀN IBN-UZLAĠ AL-: Alfarabius. Compendium legum Platonis. Ed. et lat. vertit Franciscus Gabrieli. Londonii 1952. (Corpus Platonicum medii aevi. Plato Arabus. 3.) II 238.276/Arab. 3.

Farhang-i-bahāristān. 1930, s. MUḤAMMAD 'ALĪ TABRĪZĪ ẖAJĀBĀNĪ [Verf.]. I 320.534.

Farhang-i-Nūbahār. 1929, s. MUḤAMMAD 'ALĪ TABRĪZĪ ẖAJĀBĀNĪ [Verf.]. I 330.209.

Farhangistān Īrān. Teheran 1318 [1939]. I 323.092.

Farhangistān Īrān. Wāẓih hāy-i nū ka tā pāyān sāl 1319 dar farhangistān Īrān paẓirfath šadah āst. Āz īntišārāt dabīr ẖānih farhangistān. 7. Teheran 1319 [1940]. I 331.898.

Farhang-i-su'ūrī. Ṭāba'a wa nāširī M. Ǵamāl. Ǵild 1. Istanbul 1314 [1935]. I 332.890.

FARRŪẖ, 'UMAR: Abū-Nuwās. Šā'ir Harūn ar-Rašīd wa Muḥammad al-Amīn. Ta'līf 'Umar Farrūẖ. 1. 2. Bairut 1932–1933. (Silsilat al-kaš-šāf al-adabijja.) I 328.949.

Farruhī, Hakīm Abū'l-Ḥasan Alī bin J̌ūlūg: Dīwān i qaṣā'id [nebst] (Šarḥ-i halat-i ḥālāt-i maulānā hakīm Farruhi). Tehran 1301 [1883]. I 482.631.

Farruhī Sīstānī, 'Alī Ibn-Ǵūlūg: Dīwān. [Hrsg.] 'Alī 'Abd-ar-Rasūlī. Teheran 1311 [1932]. II 274.666.

Fatḥ-'Alī Āhwandzāda Darbandī: The Vazir of Lankurān. A Persian play. Ed., with a grammatical introd., a transl., . . . by William Henry Doveton Haggard and Guy Le Strange. London 1882. I 320.210.

—: do. London 1930. I 320.214.

—: Der Vezier von Lenkoran. Türkische Komödie in 4 Aufzügen v. Mirza Feth-Ali Achondzade. Übers. u. f. die deutsche Bühne bearb. v. D. Löbel u. C. Fr. Wittmann. Leipzig [o. J.]. I 320.275.

Fattāḥī Nīšāpūrī: Dastūr-i-'Ushshāq. The book of lovers. Ed. by R. S. Greenschields. London 1926. I 330.043.

Fiġānī Šīrāzī, Bābā: Dīwān. [Hrsg.] Suhailī Hwānsārī. Teheran 1316 [1937]. I 330.023.

Firās, Abū: Abū Firās, ein arabischer Dichter und Held. Mit Ta'ālibī's Auswahl aus seiner Poesie . . . in Text u. Übers. mitgeteilt v. Rudolph Dvořák. Leiden 1895. I 204.579.

Firdausi: Firdusii liber regum qui inscribitur. Ed. Parisiensem diligenter recognitam . . . Joannes Augustus Vullers. Opus morte ed. interruptum ad finem perduxit Samuel Landauer. T. 1–3. Lugduni Batavorum 1877–1884. I 269.556/3.

—: Das Heldenbuch von Iran aus dem Schah Nameh des Firdussi. Von Josef Görres. In 2 Bden. Berlin 1820. I 205.646.

—: Heldensagen von Firdusi. In deutscher Nachbildung nebst einer Einl. über das iranische Epos v. Adolf Friedrich v. Schack. 2. verm. Aufl. Berlin 1865. II 8.397.

—: Jussuf und Suleicha. Aus dem Pers. zum ersten Male übertr. v. Ottokar Schlechta Wssehrd. Wien 1889. I 160.673 Ir 281.

—: Kej-Kawus in Masenderan. Aus dem Schahname des Ebu'l Kasim Manßur el Firdewsi. Metrisch übers. v. Victor Weiß Edlem v. Starkenfels u. Theodor Ritter v. Schwarzhuber. Wien 1841. I 269.593.

—: Kniha králu. Překládá a vysvěthivkami provází Jaromir Borecký. Praze 1910. I 136.011.

—: Il libro dei re. Poema epico recato dal Persiano in versi italiani da Italo Gizzi. Bd 1–8. Torino 1886–1888. I 89.500.

—: Le Livre des rois par Abou'lkasim Firdousi. Trad. et comm. par Jules Mohl. Bd 1–5. 7. Paris 1876–1878. Ir 226.

—: Šāhnāma. [Hrsg.] Ḥāǧī Aḥmad Aqā Tājir. . . . Tabriz [um 1850]. II 399.190.

—: Šāhnāma. [Hrsg.] Muḥammad Ramadānī. Ǵild 1. Tehran 1310 [1932]. I 320.560.

—: Šāhnāma. [Hrsg.] Muḥammad Ramadānī. Ǵild 2—5. Tehran 1311–1312 [1933]. I 320.397.

—: Schahname. 1841, in: *Klaenge aus Osten.* I 321.552.

—: Shah-Name-i-Fardowsi. Publ. by Muzanda Shirmard Irani. Bombay 1914. Ir 249.

—: The Shah Namu. . . . Vol. 1. Calcutta 1811. Ir 256.

—: Zal in Rudabeh. Preložil iz perziščine Karol Glaser. Maribor 1909. I 132.152.

—: Zulayḫā-ī Firdausī. Lucknow 1304 [1886]. II 340.512.

FLUEGEL, GUSTAV: Die arabischen, persischen und türkischen Handschriften der kaiserlich-königlichen Hofbibliothek zu Wien. Bd 1—3. Wien 1865. II 275.956.

—: Nuǧūmu'l-furqāni fī āṭrāfi'l-qurāni. Concordantiae corani arabicae. Ed. stereotypa. Lipsiae 1842. II 340.465.

FRANKLIN, WILLIAM: Bemerkungen auf einer Reise von Bengalen nach Persien in den Jahren 1786 und 1787. Berlin 1790. I 276.886.

FRASER, JAMES B.: Historische und beschreibende Darstellung von Persien. . . . T. 1. 2. Leipzig 1836. Ir 229.

GABRIEL, ALFONS: Aus den Einsamkeiten Irans. Dritte Forschungsfahrt durch die Wüste Lut u. Persisch-Baločistan mit einer Reise durch Süd-Afghanistan. Stuttgart 1939. II 275.945.

ǴALĀL-AD-DĪN HUMĀ'Ī IṢFAHĀNĪ, ĀQĀ MĪRZĀ: Ta'rīḫ-i-adabījāt-i-Īrān az qadīmtarīn 'asr-i-ta'rīḫī tā'aṣr-i-ḥāḍir. Čap 1. Ǵild 1. 2. Täbris 1308—1309 [1930]. I 330.024.

ǴALĀL-AD-DĪN IBN-FATḤ-'ALĪ ŠĀH: Nāma-i-Ḫusrawān. Nāma 1. [O. O., um 1880]. I 320.537.

ǴALĀL-AD-DĪN RŪMĪ: Kitāb-i-Maṯnawī-i-ma'nawī. Ǵild 1—6. Teheran 1314—1317 [1935—1937]. I 269.826.

—: Kullījāt Šams-i-Tabrīz. 1885. III 275.214.

—: Rubā'īāt-i-ḥaḍrāt-i-maulānā. Kuddisa sirrahu. Istanbul 1312 [1933]. I 321.905.

Ǵāmi' al-kabīr fī'š-šurūṭ. 1929, s. ṬAḤĀWĪ, ABŪ-ǴA'FAR AṬ- [Verf.] I 181.048/1929, 30, 5.

ǴĀMĪ, NŪR-AD-DĪN 'ABD-AR-RAḤMĀN: Bahāristān Ǵāmī. [O. O., um 1910]. II 274.725.

—: Dīwān. [Hrsg.] Ḥusain Pažmān Baḫtjārī. Teheran 1317 [1938]. I 320.398.

—: Kullijāt Ǵāmī. Teheran 1930. I 320.727.

—: Lawā'ih. A treatise of Ṣūfism by Nūr-ud-Dīn 'Abd-ur-Raḥmān Jāmi. Facs. of an old ms. With a transl. by Edward Henry Whinfield and Mīrzā Muḥammad Ḳazvīnī. Repr. with add. and corr. London 1928. (Oriental transl. fund. N.S. 16.) I 185.918/N.S. 16.

—: Salāmān wa-absāl. London 1850. II 274.825.

ĠANĪ, MUḤAMMAD ṬĀHIR: Dīwān ġanī. Kanpur 1304 [1886]. II 340.516.

—: Dīwān ġanī. Lucknow 1931. II 340.513.

GASTEIGER, ALBERT: Von Teheran nach Beludschistan. Innsbruck 1881. (Der Bote f. Tirol u. Vorarlberg.) I 276.884.

Ǵazā'-qānūnu. — Das Türkische Strafgesetzbuch vom 1. März 1926. Gesetz Nr. 765 (Türkisches Gesetzblatt Nr. 320 vom 13. März 1926). . . . Deutsche Übers. v. Kurt Ziemke. Berlin 1927. (Sammlung außerdeutscher Strafgesetzbücher. 46.) I 43.737/Beil. 46.

—: do. Übers. u. mit einer Einf. vers. v. Naci Sensoy u. Osman Tolun. Berlin 1955. (Sammlung außerdeutscher Strafgesetzbücher. 67.) I 43.737/Beil. 67.

ĠAZZĀLĪ: Die Streitschrift des Ġazālī gegen d. Ibāḥīja im pers. Text hrsg. u. übers. v. Otto Pretzl. München 1933. (Sitzungsberichte d. Bayer. Akad. d. Wiss. Phil.-hist. Kl. 1933, 7.) I 7044/1933, 7.

ĠAZZĀLĪ, MUḤAMMAD IBN-MUḤAMMAD AL-: Al Ghasali. Das Elixier der Glückseligkeit. Aus den pers. u. arab. Quellen in Ausw. übertr. v. Hellmut Ritter. 4.–6. Taus. Düsseldorf 1959. (Diederichs Taschenausg. 18.) I 245.194/18.

GEIGER, WILHELM: Etymologie des Baluci. München 1890. MAO/920/G 312.

—: Etymologie und Lautlehre des Afghanischen. München 1893. Ir 301.

—: Handbuch der Awesta-Sprache. Erlangen 1879. Ir 76.

—: Lautlehre des Baluci. München 1891. Ir 148.

—: Ostiranische Kultur im Altertum. Erlangen 1882. Ir 285.

ĠIYĀṬU'D-DĪN MUḤAMMAD BIN JALĀL AD-DĪN BIN ŠARAF AD-DĪN RĀMPŪRĪ: Ġiyāṭu'l luġāt wa bar ḥašiya čarāġ-i hadāyat. Bombay 1880. II 399.184.

GOBINEAU, ARTHUR Graf: Asiatische Novellen. Leipzig [o. J.]. I 276.873.

—: Drei Jahre in Asien. Leipzig 1925. I 276.869.

—: Reisefrüchte aus Kephalonia, Naxos, Neufundland. Leipzig [um 1910]. I 276.874.

—: Die Tänzerin von Schemacha. Leipzig [um 1905]. I 276.875.

GOETHE, JOHANN WOLFGANG VON: Drām-i-dāstān-i-sūg-āwar-i-Faust. [Übers.] 'Abbās Banī-Ṣadr. Teheran 1317 [1938]. I 330.022.

GOLPAIGANI, MUHAMMAD SADEGH: Borhan-Chate. T. 1. 2. [O. O.] 1304–1305 [1926–1927]. II 273.004.

GRAEFE, AXEL VON: Iran. Das neue Persien. Berlin 1937. II 275.946.

GRIERSON, GEORGE ABRAHAM: The Ōrmuṛi or Bargistā language. An account of a little-known Eranian dialect. Calcutta 1918. (Memoirs of the Asiatic Soc. of Bengal. 7, 1.) II 209.170.

—: Specimens and languages of the Eranian family. Calcutta 1921. (Linguistic Survey of India. 10.) III 230.192/10.

—: Specimens of the Dardic or Piśācha languages (including Kāshmīrī). Calcutta 1919. (Linguistic Survey of India. 8, 2.) III 230.192/8, 2.

GROTHE, HUGO: Wanderungen in Persien. Berlin 1910. I 279.429.

GRUENERT, MAX: Neu-persische Chrestomathie. Bd 1. 2. Prag 1881. II 275.957.

Grundriss der iranischen Philologie. Hrsg. v. Wilhelm Geiger u. Ernst Kuhn. Bd 1, 1. 2. Strassburg 1895–1904. I 330.348.

GULHAVĪ, MAULĀNĀ MUḤAMMAD: Šarh-i Bustān. Lāhūr 1303 [1886]. II 399.186.

ḤABĪB JAĠMĀ'Ī: Jaġmā'ī Bīābānak. Tehran 1313 [1934]. I 322.194.

HADANK, KARL: Die Mundarten von Khunsār, Mahallāt, Natänz, Nāyin, Sämnān, Sīvänd und Sō-Kohrūd. Berlin 1926. (Mann, Oskar: Kurdisch-persische Forschungen. 3, 1.) I 128.347/3, 1.

ḤĀFIẒ: Dīwān. Lucknow 1283 [1904]. I 332.891.

—: Der Diwan. Von Mohammed Schemsed-din Hafis. Aus dem Pers. zum erstenmal ganz übers. v. Joseph v. Hammer. T. 1. 2. Stuttgart 1812–1813. I 320.212.

—: Der Diwan des großen lyrischen Dichters Hafis. Im pers. Original hrsg., ins Deutsche metrisch übers. u. mit Anm. vers. v. Vincenz R. v. Rosenzweig-Schwannau. Bd 1–3. Wien 1858–1864. I 155.991 Ir 287.

—: Hafis. Gedichte aus dem Divan. Gaselen, Qit'a, Vierzeiler, Schenkenbuch. Eingel., übertr. u. komm. v. Rolf-Dietrich Keil. Düsseldorf 1957. (Diederichs Taschenausg.) I 245.194/9.

—: Hafis. Von der Liebe und des Weines Gottestrunkenheit. Aus pers. Hss. übertr. v. Georg Léon Lesczynski. 2. Aufl. München 1923. (Schahin-Bücher. 1.) II 274.973.

—: Die Lieder des Hafis. Pers. m. dem Comm. des Sudi. Hrsg. v. Hermann Brockhaus. Bd 1–3. Leipzig 1854–1860. II 274.826.

—: Der Sänger von Schiras. Hafische Lieder verdeutscht durch Friedrich Bodenstedt. Berlin 1877. I 140.496.

ḤĀFIẒ-I-ABRŪ, 'ABDALLĀH IBN-LUṬF-ALLĀH: Hāfiz-i-Abrū. Chronique des rois mongols en Iran. Texte persan ed. et trad. par K. Bayani. Vol. 2. Paris 1936. II 274.723.

HA'ĪM, SULAIMĀN: Farhang-i-gāmi'-i-inglīsi-i-fārsī. Ǵild 1. 2. New English-Persian Dictionary. Vol. 1. 2. Teheran 1929–1931. I 153.788 Ir 443.

—: New Persian-English Dictionary. Vol. 1. 2. Teheran 1934. I 279.433.

HAJJĀMPŪR, 'A.: Dastūr zabān fārsī. 1. 2. Tabriz 1333–1334 [1954–1955]. I 330.655.

ḪAKĪ, ḪURĀSANI: Īn kitābi mastatabīst. Muntaḫab-i-Dīwān. Persian text, ed. with an introd. by W. Ivanow. Bombay 1933. (Islamic Research Association. 1.) I 269.592/1.

ḤĀLĪ: Ḥajāt-i-Sa'dī. Ta'līf-i-Alṭāf Husain Ḥālī. Tarǵama-i-Naṣr-Allāh Surūš. Teheran 1316 [1937]. I 330.210.

ḤAMDALLĀH MUSTAUFĪ QAZWĪNĪ: Kitāb Ta'rīḫ-i-guzīda. Ta'līf-i-Ḥamdallāh Ibn-Abī-Bakr Mustaufī Qazwīnī. Ǵild 2. London 1913. (E. J. W. Gibb Memorial Ser. 14, 2.) I 131.048/14, 2.

ḤAMĪD-AD-DĪN 'UMAR IBN-MAḤMŪD BALḪĪ, ABŪ-BAKR: Kitāb-i-Maqāmāt-i-Ḥamīdī. [Hrsg.] 'Alī Aṣǵar Šamīm Hamadānī. Täbris 1312 [1934]. I 330.029.

HAMMER-PURGSTALL, JOSEPH FRH VON: Geschichte der Ilchane, das ist der Mongolen in Persien. Bd 1. 2. Darmstadt 1842. I 279.434.

—: Geschichte des Osmanischen Reiches. 2. verb. Ausg. Bd 1–4. Pest 1834–1835. MAO/800/H 224.

—: Geschichte Wassaf's. Persisch hrsg. u. deutsch übers. Bd 1. Wien 1856. Ir 241.

—: Über die Encyklopädie der Araber, Perser und Türken. Wien 1857. (Denkschriften d. Philos.-hist. Cl. d. Kais. Akad. d. Wiss. 7.) II 399.194.

HANISH, OTOMAN ZAR ADUSHT: Masdasnan-Liederbuch. . . . hrsg. v. David Ammann. 10. Aufl. Herrliberg 1920. I 322.941.

ḪĀQĀNĪ: Aiwān-i-Madā'in . . . Aiwan-i-Medāin. Un poème de Khāgānī (1606), adapté et augm. par quelque poetes contemporains. Berlin 1343 [1924]. (Publications Iranschähr. 5.) I 330.337/5.

—: Dīwān-i-Ḥussān-al-'Aǵam Afḍal-ad-Dīn Ibrāhīm Ibn-'Alī Ḫāqānī Širwānī. [Hrsg.] 'Alī 'Abd-ar-Rasūlī. Teheran 1316 [1937]. I 330.249.

ḤARĪRĪ, ABŪ MUḤAMMAD AL-QASĪM IBN 'ALĪ IBN MUḤAMMAD: The Assemblies of Hariri. Students ed. of the Arabic text. With Engl. notes, grammatical, crit. and historical by F. Steingass. London 1887. I 94.176.

—: Al-maqāmāt al-ādabiya. Bombay 1338 [1919]. I 320.836.

—: Maqāmāt al-Ḥarīrī. Masr 1338 [1919].

—: Les Séances de Hariri, publ. en arabe avec un comm. choisi par Silvestre de Sacy. Paris 1822. III 12.

—: Die Verwandlungen des Abu Seid von Serug oder die Makamen des Hariri von Friedrich Rückert. 4. Aufl. Stuttgart 1864. I 46.539.

—: do. 5. Aufl. Stuttgart 1875. I 151.672.

HART, JULIUS: Orient und Occident. Eine Blütenlese aus den vorzüglichsten Gedichten der Weltliteratur. In deutschen Übers. Minden 1885. I 279.654.

ḤASAN, HĀDĪ: Falakī-i-Shirwānī. Dīwān. [Hrsg.] E. Denison Ross. London 1929. (James G. Forlong Fund. 9.) II 274.657/9.

—: Falakī-i-Shirwānī. His times, life and works. London 1929. (James G. Forlong Fund. 6.) II 274.657/6.

ḤASAN PĪRNIJĀ MUŠĪR-AD-DAULA: Īrān-i-bāstān jā ta'rīḫ-i-mufaṣṣal-i-Īrān-i-qadīm. Ǵild 1–3. Teheran 1311–1313 [1933–1935]. I 330.177.

HĀTIF IṢFAHĀNĪ, AHMAD: Dīwān-i-Kāmil-i-mahīn. Bā muqaddama wa šarḥ-i-ḥāl bi-qalam-i-'Abbās Ḫān Iqbāl. Teheran 1312 [1934]. (Armaǵān. Sāl 14, Ḍamīma.) I 320.540/14.

Ḫawāndanīhā. Ṣāḥib imtibāz wa mudīr mas'ūl 'Alī Aṣǵar. 1. 2. Teheran 1330 [1951]. I 332.858.

HAWKER, CECIL LORAINE: Simple colloquial Persian. London 1937. I 276.878.

HEDIN, SVEN: Bagdad, Babylon, Ninive. Leipzig 1917. I 276.871.

—: Durch Asiens Wüsten. Leipzig 1920. (Reisen u. Abenteuer. 7.) I 233.752/7.

—: Persien und Mesopotamien. Leipzig 1923. I 276.872.

—: Wildes heiliges Tibet. Leipzig 1944. (Reclam's Universal-Bibliothek. 7334.) I 277.536.

HEINRICH, GERD: Auf Panthersuche durch Persien. Berlin 1933. I 279.430.

HELL, JOSEPH: Farazdak's Lobgedicht auf Al-Walīd Ibn Jazīd (Div. 394) nebst Einl. über das Leben des Farazdak nach seinen Gedichten. Leipzig 1902. I 204.578.

—: Die Religion des Islam. Aus den Grundwerken übers. u. eingel. 1. Jena 1915. (Religiöse Stimmen d. Völker.) I 180.659/6.

HENTIG, WERNER OTTO VON: Meine Diplomatenfahrt ins verschlossene Land. Berlin 1918. Ir 228.

HERTEL, JOHANNES: Die arische Feuerlehre. T. 1. Leipzig 1925. (Indo-iranische Quellen u. Forschungen. 6.) Ir 400.

—: Die awestischen Herrschafts- und Siegesfeuer. Leipzig 1931. (Abhandlungen d. phil.-hist. Kl. d. Sächs. Akad. d. Wiss. 41, 6.) Ir 265.

—: Die awestischen Jahreszeitenfeste: Afringan 3. Leipzig 1934. (Berichte über die Verhandlungen d. Sächs. Akad. d. Wiss. Phil.-hist. Kl. 85, 2.) Ir 342.

—: Beiträge zur Erklärung des Awestas und des Vedas. Leipzig 1929. (Abhandlungen d. phil.-hist. Kl. d. Sächs. Akad. d. Wiss. 40, 2.) Ir 266/267.

—: Beiträge zur Metrik des Awestas und des Ṛgvedas. Leipzig 1927. (Abhandlungen d. phil.-hist. Kl. d. Sächs. Akad. d. Wiss. 38, 3.) Ir 267.

—: Die Himmelstore im Veda und im Awesta. Leipzig 1924. (Iranische Quellen u. Forschungen. 2.) Ir 399.

—: Die Zeit Zoroasters. Leipzig 1924. (Indo-iranische Quellen u. Forschungen. 1.) Ir 442.

HESS, EMIL: Nei wui kong tong wa m wui (Sprechen Sie chinesisch?). Chines. Phraseologie, nebst ausführlicher Grammatik. Dialect v. Canton (Umgangssprache). Leipzig 1891. I 320.586.

HESSE, FRITZ: Persien. Entwicklung und Gegenwart. Berlin 1932. (Weltpolitische Bücherei. 26.) I 202.466/26.

HIDĀJAT, ṢĀDIQ H̱ĀN: Afsāna. Teheran 1310 [1931]. I 320.713.

—: Būf-i kur. (Tab' wa forūš dar Īrān mamnu 'ast.) Bombay 1315 [1936]. I 482.637.

—: Iṣfahān niṣf-i ǧihān. Teheran 1311 [1933]. I 266.062.

—: Nairangistān. Teheran 1312 [1933]. I 320.208.

—: Parwīn duḫtar-i-sāsānī. Teheran 1309 [1927]. I 320.539.

—: Sāja roušan. Teheran 1312 [1934]. I 266.064.

—: Sih qatra ḫūn. Teheran 1311 [1933]. I 266.063.

—: Yāǧūǧ, Māǧūǧ wa qūmpānī, līmītid. [Pseud.] Kitāb Mustaṭāb. Waǵ waǵ sāhāb. Tehran 1934. I 322.193.

—: Zandah bi-Gūr. Teheran 1309 [1930]. I 330.369.

Hikāyāt latīf. Muṣannafān Hūmī Suhrāb wa kumpanī. Bombay 1919. I 321.976.

Ḫil'atbarī, Arslān: Huqūq-i-bain al-milal-i-ḫusūṣī. Ta'āruḍ-i-qawānīn. Ǵild 1. Teheran 1316 [1937]. I 331.902.

Hinz, Walther: Irans Aufstieg zum Nationalstaat im 15. Jahrhundert. Berlin 1936. I 279.408.

Hišam Ibn-Muḥammad al-Kalbī: Das Götzenbuch. Kitāb al-aṣnām des Ibn al-Kalbi. Übers. mit Einl. u. Komm. v. Rosa Klinke-Rosenberger. Leipzig 1941. (Sammlung orientalistischer Arbeiten. 8.) I 155.547/8.

Hitopadeśa. Ausgewählte Fabeln des Hitopadeśa, im Urtexte . . . nebst metrischer deutscher Übers. v. August Boltz. Offenbach 1868. I 204.583.

Hitopadeśa. Die freundliche Belehrung. Ins Deutsche übers., mit sachl. u. sprachl. Anm. sowie einem erläut. Reg. vers. v. Johannes Hertel. Leipzig 1894. (Reclam's Universal-Bibliothek. 3385/3387.) I 320.359.

Hitti, Philip Khūri: Descriptive Catalog of the Robert Garrett Collection of Arabic mss in the Princeton Univ. Library. . . . Princeton 1938. (Princeton Oriental Texts. 5.) II 199.032/5.

—: History of the Arabs from the earliest times to the present. 6. ed. London 1956. I 243.136.

—: History of Syria. London 1951. I 229.636.

Hoever, Otto: Kulturbauten des Islams. 1.–10. Taus. Leipzig 1922. I 279.411.

Horn, Paul: Asadī's neupersisches Wörterbuch Lughat-i Furs nach d. einzigen vaticanischen Hs hrsg. Berlin 1897. (Abhandlungen d. kgl. Ges. d. Wiss. zu Göttingen. Phil.-hist. Kl. N.F. 1, 8.) Ir 237.

Horten, Max: Die Philosophie des Islam in ihren Beziehungen zu den philosophischen Weltanschauungen des westlichen Orients. München 1924.

Huart, Clement: Geschichte der Araber. Bd 1. 2. Leipzig 1914–1915. MAO/630/H 874.

—: Notice d'un manuscript Pehlevi-Musulman de la Bibliothèque de Sainte-Sophie à Constantinople. (Journal asiatique 1889.) Ir 192.

—: La Perse antique et la civilisation iranienne. Paris 1925. (L'evolution de l'humanité. 24.) Ir 231.

Huebschmann, Heinrich: Persische Studien. Strassburg 1895. I 279.413.

Hugo, Victor: Nutridām dū Pārī. [Übers. v.] Ḥasan Nāṣir. Teheran [um 1920]. I 330.325.

HŪMAN, MAḤMŪD: Ḥāfiẓ či mīgūiad? Teheran [um 1938]. I 321.906.

ḤUSAIN NŪR ṢĀDIQĪ: Iṣfahān. Teheran 1316 [1938]. I 269.823.

Ḫusrau wa-Šīrin. 1934, s. NIZAMI [Verf.].

ḪUSRAU, ḤAKĪM NĀṢir: Kitab Wağh Dīn. Berlin 1343 [1924]. I 330.368.

ḪUSRAWĪ, MUḤAMMAD BĀQIR MĪRZĀ: Dīwān. Teheran 1304 [1925]. I 320.510.

ḪWĀNDAMĪR, ĠIJĀṮ-AD-DĪN IBN-HUMĀM-AD-DĪN: Dastūr al-waza-rā' šāmil-i-aḥwāl-i-wazarā'-i-īslām tā inqirāḍ-i-Tīmūrījān 914. [Hrsg.] Sa'īd Nafīsī. Teheran 1317 [1938]. I 320.561.

IBN-AL-GANZI: Das Kitāb el-aḏkijā' des Ibn el-Ğanzī (mit einigen Kürzungen) nach dem Druck Cairo 1306 u. d. Hs Umūmijje 5341 aus dem Arab. übers. v. Oskar Rescher. Galata 1925. II 195.767.

IBN-AR-RĀHIB, PETRUS: Chronicon orientale. Ed. Louis Cheikho. Réimpr. anastatique. . . . Louvain 1955. (Corpus scriptorum Christianorum Orientalium. 45. 46. = Scriptores Arabici. 1. 2.) II 146.148/45. 46.

IBN BATŪTA: The Travels, transl. from the abridged Arabic ms copies . . . with notes . . . by Samuel Lee. London 1829. II 90.225.

IBN-ḪALDŪN: Histoire des Berbères et des dynasties musulmanes de l'Afrique septentrionale. Trad. de l'arabe par William MacGuckin de Slane. T. 1. Alger 1852. I 223.222.

—: Ibn Chaldun: Ausgewählte Abschnitte aus der muqaddima. Aus dem Arab. v. Annemarie Schimmel. Tübingen 1951. (Civitas gentium.) I 227.828.

—: Miftāh-el-ibr, Schlüssel der Geheimnisse. 1. Theil des 2. Bandes des berühmten Geschichtswerkes des Ibn-Chaldūn, aus dem Arab. ins Türkische übers. v. Subhi-Bey . . . 19. Constantinopel 1276 [1860]. II 32.833.

IBN-ISḤĀQ, MUḤAMMAD: Das Leben Mohammeds. Nach Mohammed Ibn Ishak u. Abd el Malik Ibn Hischam. Übers.: Gustav Weil. Berlin 1916. (Die Fünfzig Bücher. 14.) I 187.839/14.

IBN-MĀLIK: Ibn Mālik's Lāmīyat al-af'āl mit Badraddins Commentar. Übers. u. mit krit. Anm. vers. v. Abraham Herman August Kellgren. St. Petersburg 1864. (Mémoires de L'Acad. Imp. des Sciences de St. Petersbourg. Ser. 7, T. 7, 6.) II 118.718 MAO/620/I 13.

IBN-MANẒŪR: Lisān al-'Arab. Ta'līf Abī'l-Faḍl Ǵamāl-ad-Dīn Muḥammad Ibn-Mukarram Ibn-Manẓūr al-Ifrīqī al Miṣrī al-Anṣarī al-Ḫazraǵī. Ǵuz' 1. Kairo 1348 [1929–1930]. I 204.605.

Ibn Roschd, Abu Welid Muhammed: Colliget Averroys. Incipit liber de medicina Averrois: qui dicitur colliget etc. Venetus 1490. II 113.412.

—: . . . opusculum de substantia orbis. Lugduni 1542. I 35.702.

Ibn-Sīrīn, Muḥammad: Achmetis Oneirocriticon. Rec. Franciscus Drexl. Lipsiae 1925. (Biblioth. script. Graec. et Rom. Teubneriana.) I 148.080.

Ibrāhīm Bak: Sijāḥatnāma Ibrāhīm Bak. Ya balāya ta'ṣubi aw. Qāhira [o. J.]. II 274.652.

Imru'-al-Qais: Le Diwan d'Amrolkais. . . . Accompagné d'une trad. et. de notes par MacGuckin de Slane. Paris 1837. II 209.171.

—: Die Mu'allaqua des Imrulquais. Übers. u. erkl. v. Salomon Gandz. Wien 1913. (Sitzungsberichte d. Kais. Akad. d. Wiss. in Wien. Philos.-hist. Kl. 170, 4.) I 7.496/170, 4.

Intišārāt-i-dabīrḫāna-i-Farhangistān. Šumāra. 4. Teheran 1316 [1938]. I 320.784.

Īrān. Akad. Nauk SSSR. Iran. 1. Leningrad 1927. I 183.285.

—: [Hrsg.] Maǧīd Mūwaqar. Šumāra 4306–4704. 5702–6570. Tehran 1352 [1934]. 1357 [1938] – 1320 [1941]. IV 275.438.

Īrānšahr. Maǵalla-i-muṣawwar 'ilmī wa-adabī . . . Iranschähr. Revue litt. et scientif. mensuelle. Red.: Hossein Kazemzadeh. Sāl 1–4. Berlin-Wilmersdorf 1922–1924. 1926. I 330.044.

Iranschaehr-publications. Publications Iranschähr. 5. Berlin 1343 [1924]. I 330.337.

Isḥāq, Muḥammad: Suḫanwarān-i-Īrān dar 'aṣr-i-ḥāḍir. Ǵild 1. 2. Delhi 1351 [1933]. I 330.250.

Islam. Der Islam. Zeitschrift f. Geschichte u. Kultur des islamischen Orients. Hrsg. v. C. H. Becker. Bd 13. 15. 16. Berlin 1923–1927. MAO/I 747.

Islamica. Ed. August Fischer. Vol. 1, 1–4. Leipzig 1924–1925. II 301.478.

Islamic-Research-Association. 3. Bombay 1935.. I 269.592.

Iṭṭilā'āt-i māhāne. 42. 45. 48. 68. 71–74. Teheran 1951–1954. II 399.191.

Jacob, Georg: Noten zum Verständnis der Mu'allaqāt. Berlin 1894. (Studien in arabischen Dichtern. 2.) I 330.206.

Ǧāmī, Maulānā Nūru'd-dīn 'Abdu'r-Rahmān: Nafaḥātu'l-uns. 7. Aufl. Lakhnu 1333 [1915]. II 399.188.

Ja'qūb Ibn-Ibrāhim, Abū-Jūsuf: Abou Yousof Ya'koub. Le livre de l'impôt foncier. Trad. et annoté par E. Fagnan. Paris 1921. (Bibliothèque archéologique et historique. 1.) III 230.068/1.

Jaubert, Chier Pierre Amedee Probe: Reise durch Armenien und Persien im Jahre 1805 und 1806. Leipzig 1822. I 279.436.

Javorskij, Ivan Lavrovič: Reise der russischen Gesandtschaft in Afghanistan und Buchara in den Jahren 1878–79. . . . aus dem Russ. übers. u. mit einem Vorw. u. Anm. vers. v. Ed. Petri. Bd 1. 2. Jena 1885. I 330.324.

Jensen, Hans: Neupersische Grammatik. Mit Berücks. d. histor. Entwicklung. Heidelberg 1931. (Indogermanische Bibliothek. 1, 1, 22.) I 103.044/1, 1, 22.

Jeremias, Alfred: Hölle und Paradies bei den Babyloniern. 2. verb. u. erw. Aufl. Leipzig 1903. (Der Alte Orient. 1, 3.) I 111.093/1, 3.

–: Monotheistische Strömungen innerhalb der babylonischen Religion. Leipzig 1904. I 330.623.

Kahusrū Ibn Kāwūsī: Kulšani Farhang. Bombay 1861. I 323.087.

Kalām-i-pīr. Kalām-i-pīr ja'nī Kitāb-i-Haft bāb-i-Sāh Sajjid Nāṣir-i-Ḫusrau. . . . transl. . . . by W. Ivanow. Bombay 1935. I 269.592/4.

Karabacek, Joseph von: Zur orientalischen Altertumskunde. 3. Wien 1911. (Sitzungsberichte d. kais. Akad. d. Wiss. in Wien. Phil.-hist. Kl. 167, 1.) Ir 294.

–: Die persische Nadelmalerei Susandschird. Leipzig 1881. Ir 238.

Karīmī, Bahman: J̌uġrāfī-i mofaṣal-i tarīḫī-i ġarb-i Īrān. Teheran 1316 [1937]. I 482.632.

Kāšānī, Afḍal-ad-Dīn Muḥammad: Al-Mufīd li'l-mustafīd az rasā'il-i-muqaddam-i-ḥukamā'-i-islām. Teheran 1310 [1932]. I 320.536.

–: Rubā'ījāt. [Hrsg.] Sa'īd Nafīsī. Teheran 1311 [1933]. I 320.557.

Kašf al-luġāt. Ǵild 2. Lucknow 1900. II 340.469.

Kašf Tilbus. 1917, s. *Dokumente, Englische, zur Erdrosselung Persiens.* I 330.342.

Kāšifī, Ḥusain Wā'iẓ: Anwār-i Suhailī. Bombay [o. J.] II 340.467.

Kāsifī, Kamālu'd-dīn Ḥusain Wā'iẓ: Mawahib 'Allīye ya Tafsīr-i ḥusainī. Tehran 1317 [1938]. I 482.634.

Kātūzījān, Muḥammad 'Alī: Farhang. Teheran 1311 [1933]. I 269.840.

Kauder, E.: Reisebilder aus Persien, Turkestan und der Türkei. Breslau 1900. Ir 240.

Kāwah. 1–5. N. R., Jg 2, 1. Berlin-Charlottenburg 1334–1338 [1916–1920]. [11. 1. 1921]. III 275.133.

–: 4. Berlin 1336 [1917]. = BRANDES, GEORG: Ǧanā'iat rūūs wa-Inklīīs. I 330.341.

KAZIM-ZADA, HUSAIN: [Übers.], s. 'AṬṬĀR, FARĪD-AD-DĪN: Leben und Sprüche der Sufi-Meister des Islams. 1934. I 330.318.

–: Iranschähr. Das Mysterium der Seele. 2., erw. Aufl. Olten 1949. I 322.640.

KELLERMANN, BERNHARD: Auf Persiens Karawanenstraßen. Berlin 1928. I 279.426.

KEYSERLING, HERMANN Graf: Über die innere Beziehung zwischen den Kulturproblemen des Orients und des Okzidents. Jena 1913. (Das Ausland.) I 321.321.

KHAREGAT, RUSTAM: A tourist Guide to Iran. Bombay 1935. II 275.951.

KIEPERT, HEINRICH: Historisch-geographischer Atlas der Alten Welt. 17. verb. Aufl. Weimar 1873. I 332.531.

KIRMĀNĪ, ḤUSAIN KŪHĪ: Haft-ṣad tarāna az tarānahā-i-rūstā'ī-i-Īrān. Teheran 1317 [1938]. I 330.335.

KIRSCH, MAX: Im Lastkraftwagen von Berlin nach Ispahan. Berlin 1927. I 279.431.

KISRAWĪ TABRĪZĪ: Šahrjārān-i-gumnām. Čap 1. Baẖš 1. 2. Teheran 1307–1308 [1928–1929]. I 320.653.

Kitāb. Daura 1. Teheran 1311 [1932]. I 320.438.

KITTEL, RUDOLF: Das Alte Testament und unser Krieg. Leipzig 1916.

Klaenge aus Osten. Enthaltend neun Makamen des Hamadani, zwei kleinere Episoden aus dem Schahname des Firdausi, Gedichte, . . . aus dem Arab. u. Pers. übers. v. Eduard Amthor. Leipzig 1841. I 321.552.

KLAPPSTEIN, PAUL: Vier turkestanische Heilige. Berlin 1919. (Türkische Bibliothek. 20.) I 320.710/20.

KOENIG, EDUARD: Hebräisches und aramäisches Wörterbuch zum Alten Testament mit Einschaltung u. Analyse aller schwer erkennbaren Formen, . . . 2. u. 3. verm. Aufl. Leipzig 1922. I 279.414.

KOENIG, FRANZ B.: Die Amesha Spentas des Awesta und die Erzengel im Alten Testament. Melk 1935. I 332.532.

KOTSCHY, THEODOR: Der westliche Elbrus bei Teheran in Nord-Persien. Wien 1861. (Mittheilungen d. k. k. Geograph. Ges.) II 275.944.

KOTZEBUE, MORITZ VON: Reise nach Persien mit d. russ. kais. Gesandtschaft im Jahre 1817. Wien 1825. Ir 284.

KRAUS, KARL: Die chinesische Mauer. 4. Aufl. Leipzig 1918. I 277.118.

Kremer, Alfred: Kulturgeschichte des Orients unter den Chalifen. Neudr. d. Ausg. Wien 1875–1877. Bd 1. 2. Aalen 1966.

–: Über die südarabische Sage. Leipzig 1866. MAO/750/K 92.

Kuka, Mehrjibhai Nosherwanji: Wit, humour and fancy of Persia. Bombay 1923. I 279.435.

Kuroda, S.: Mahāyāna. Die Hauptlehren des nördlichen Buddhismus. Leipzig 1904. I 277.876.

Kuros, Gholam-Resa: Irans Kampf um Wasser. Berlin 1943. II 399.180.

Laendern fernen. – Aus fernen Ländern. Schilderungen und Bilder aus dem Leben katholischer Missionäre. Zsgst. u. ges. f. die Mitglieder d. St.-Josef-Bücherbruderschaft. Klagenfurt 1899. I 322.393.

Lagarde, Paul de: Persische Studien. Göttingen 1884. Ir 147.

–: Symmicta. 1. 2. Göttingen 1877–1880. Ir 288.

Lentz, Wolfgang: Auf dem Dach der Welt. Mit Photograph u. Kamera bei vergessenen Völkern des Pamir. Berlin 1931. I 276.864.

–: Ein Lateinalphabet für das Paschto. Als Ms gedr. Berlin 1937. I 169.867.

Litten, Wilhelm: Das Drama in Persien. Berlin 1929. II 275.949.

–: Einführung in die persische Diplomatensprache. 1. 2. Berlin 1919. (Lehrbücher des Seminars f. orientalische Sprachen zu Berlin. 31, 1. 2.) I 86.782/31, 1. 2.

–: Persien. Von d. „penétration pacifique“ zum Protektorat. . . . Berlin 1920. I 279.416.

–: Wer hat die persische Neutralität verletzt? 14 Punkte zur Frage d. pers. Neutralität u. zur pers. schwarzen Liste. Berlin 1920. I 279.410.

Lommel, Hermann: Die Yäšt's des Awesta. Göttingen 1927. Ir 104.

Loti, Pierre: Aus Persiens Wunderwelt. 1.–6. Aufl. Dresden 1922. Ir 317.

Luġāt-i Šāh-J̌ahānī. 1877, s. Ṣāḥib, Hakīm Muḥammad Ḥasan [Verf.]. I 482.629.

*Luġathā-i-nau kitā pāǰān-i-sāl-i-1316 dar Farhangistān paḏīrafta šuda ast.*Teheran 1317 [1938]. I 320.784/4.

Maǧallah Armaġān. Jg 17, 9–10. 20, 1–3. Teheran 1315 [1936]. I 331.638.

–: [Hrsg.] Waḥīd Dastgardī. Sāl 16–19. Teheran 1314–1317 [1935–1938]. I 332.854.

Mağmū'a 'awārif al-ma 'ārif. Širāz 1317 [1938]. I 323.089.
Mağmū'a qawānīn ğazā'ī 'umūmi. Teheran 1319 [1940]. I 323.095.
Mağmū'a qawānīn taṣwīb nāma. – Mağmū'a qawānīn wa taṣwīb nāma hā wa ā'īn nāma hāī istiḫdām kašwarī wa ḳaḍā'ī wa bangāh haī dawlātī. Čap 1. Teheran 1319 [1940]. I 323.086.
Mağmū'i Matwan Fārsī. 1. Teheran 1337 [1958]. I 331.903.
Mahābhārata. Das Lied vom Könige Nala. Erstes Lesebuch f. Anfänger im Sanskrit. . . . bearb. . . . hrsg. v. Hermann Camillo Kellner. Leipzig 1885. I 204.584.
MAHLER, EDUARD: Vergleichungs-Tabellen der persischen und christlichen Zeitrechnung. Leipzig 1931. II 399.193.
Mağmūi-i 'uṣūl-i muḥākamāt-i ḥuqūqī. 5. Aufl. Teheran 1318 [1939]. I 482.635.
MALKUM ḪĀN: Mağmū'a-i-muštamil bar sih qiṭ'a tiātar mansub bamarḥūm Mīrzā Malkum Ḫān Nāẓim-ad-Daula. Berlin 1340 [1921–1922]. I 320.399.
MARTI, KARL: Kurzgefaßte Grammatik der biblisch-aramäischen Sprache. Berlin 1911. MAO/420/M 378.
MARZUBĀN IBN-RUSTAM IBN-SARWĪN: Kitāb-i-Marzubānnāma. Iṣlāh-i-Sa'dad-Dīn al-Warāwīnī. [Hrsg.] Muḥammad Ibn-'Abd-al-Wahhāb Qazwīnī. London 1909. (E. J. W. Gibb memorial Ser. 8.) I 131.048/8.
MASANI, RUSTAM P.: Court Poets of Iran and India. Bombay 1938. I 279.439.
MAS'ŪD IBN-SA'D IBN-SALMĀN: Dīwān. [Hrsg.] Rašīd Jāsimī. Teheran 1318 [1939]. I 269.831.
MAS'ŪD KAIHĀN: Ǵuğrafijā-i-mufaṣṣal-i-Īrān. 1–3. Teheran 1310–1311 [1932–1933]. I 269.829.
MAVLJUTOV, CH. B.: Voennyj persidsko-russkij russko-persidskij slovar. 5000 slov i terminov iz osnovnych oblastej voennogo dela. Moskva 1934. (Inostranny slovari.) I 320.334.
MEHMED, EMIN: Stich, Nadel, zu! An die Frauen des deutsch-türkischen Herzensbundes. Übertr. aus dem Türk. v. Ertogrul Arthur Wurzbach. Graz 1915. I 139.279.
MEHMED TSCHELEBI: Qissa at-tāğir al-firanğī wa-Muḥammad Šalabī. Hrsg. u. ins Deutsche übertr. v. Leopold Pekotsch. . . . mit textkrit. Anm. vers. v. Maximilian Bittner. Wien 1905. II 274.669.
MEL'GUNOV, GRIGORIJ: Das südliche Ufer des Kaspischen Meeres, oder die Nordprovinzen Persiens. Leipzig 1868. I 279.445.
MIGEON, GASTON: Les arts musulmans. Paris 1926. I 279.412.

Mihr. Maǧalla-i-ʿilmī-i-adabī-i-iqtisādī-i-tuǧǧārī. Sāl 2. Šumāra 2. Teheran 1313 [1933]. I 331.637/2.

MINŪČIHRĪ DAMAĠĀNĪ, AḤMAD: Dīwān. Paris 1886. II 274.824.

Mir-Ali-Šir. – Sbornik k 500-letiju so dnja roždenija. Leningrad 1928. I 183.581.

MIRCHOND: Kitāb farhang ḫudā parast. Teheran 1281 [1862]. I 330.525.

—: Mirchond's Geschichte der Seldschuken. Aus dem Pers. zum ersten Mal übers. . . . v. Johann August Vullers. Giessen 1838. I 269.597.

—: Mohammedi filii Chondschabi vulgo Mirchondi historia Gasnevidarum Persice. . . . ed. . . . Fridericus Wilken. Berolini 1832. II 42.104 Ir 239.

—: Historia Seldschukidarum Persice . . . ed. Joannes Augustus Vullers. Gissae 1838. Ir 283.

MITTELHOLZER, WALTER: Persienflug. 1.–4. Taus. Zürich 1926. I 279.409.

MOʿAZER, HASSAN: Maǵmūʿah qawānīn artiš. Teheran 1318 [1939]. I 324.891.

MOHAMMED IBRAHIM, MIRZA: Grammatik der lebenden persischen Sprache. Aus dem Engl. übers., zum Theil umgearb. u. mit Anm. vers. v. Heinrich Leberecht Fleischer. Leipzig 1847. I 205.685.

—: do. 2. Aufl. Leipzig 1875. I 320.330.

MORIER, JAMES JUSTINIAN: Die Abenteuer Hajji Baba's aus Ispahan. T. 1–4. Wien 1825. (Classische Cabinets-Bibliothek oder Sammlung auserlesener Werke d. deutschen u. Fremd-Literatur. 40–43.) I 90.331/40–43.

—: The Adventures of Hajji Baba of Ispahan. A new ed. London 1863. I 320.211.

—: do. Transl. from Engl. into Persian by Ḥājī Shaikh Aḥmad-i Kirmānī and ed. with notes by D. C. Phillott. Calcutta 1905. I 269.553.

MUʿAZZI, MUḤAMMAD IBN ʿABD AL-MALIK NIŠĀBŪRĪ: Dīwān Āmīr Muʿazzī. [Hrsg.] ʿAbbās Iqbāl. Teheran 1318 [1939]. I 330.345.

MUDĪR ḤALLĀĠ, H.: Kitāb-i-taʾrīḫ-i-nahḍat-i-Īrān. Teheran 1312 [1933]. I 330.323.

MUĠTABĀ MĪNUWĪ: – Māzijār. 1. Taʾrīḫ-i-zindagānī wa-aʿmāl-i-ū. 2. Jak drām-i-taʾrīḫī. Bi-qalam-i-Muǵtabā Mīnuwī wa-Ṣādiq Hidājat. Teheran 1312 [1933]. I 269.796.

MUḤAMMAD: Dūstārān-i-bašar. Muḫtaṣarī az sawāniḥ-i-ʿumr-i-baʿḍī zanān . . . Tarǧuma wa-taʾlīf-i-Muḥammad. Ǧild 2. Berlin-Charlottenburg 1343 [1924]. I 332.894/2.

Muḥammad: Der heilige Qur'-an. Arab. u. deutsch. 2., neu bearb. Aufl. Hrsg. unter d. Leitung v. Hazrat Mirza Bashir-ud-Din Mahmud Ahmad. Zürich 1959. I 258.101.

—: Der Koran. Nach d. Übertr. v. Ludwig Ullmann neu bearb. u. erl. v. Leo Winter. München 1959. (Goldmanns Gelbe Taschenbücher. 521/522.) I 228.042/521–522.

—: Qur'ān. [O. O. u. J. um 1910]. I 245.470.

—: Qur'ān. 2. Aufl. [O. O.] 1311 [1933]. I 322.191.

—: Qur'ān karīm. Tehran 1315 [1936]. I 322.192.

Muḥammad 'Ali Ǧamālzāda: Ganǧ šāygān. Berlin 1335 [1956]. II 340.517.

Muḥammad 'Alī Tabrīzī Ḫajābānī: Farhang-i-bahāristān. Ṭab' 1. Täbriz 1349 [1930]. I 320.534.

—: Farhang-i-Nūbahār. Ǵild 1. 2. Täbriz 1308 [1929]. I 330.209.

Muḥammad As'ad: Der Weg nach Mekka. Berlin 1955. I 228.713.

Muḥammad Bāqir Ḏawallū Niẓāmī: Sprachführer. Deutsch, Englisch u. Iranisch für Reise, Haus u. Schüler. Schiraz 1938. I 320.323.

Muḥammad Ǵanābzāda: Ta'līm wa-tarbijat dar naẓar-i-Sa'dī. Teheran 1317 [1938]. I 320.541.

Muḥammad Ḫān Ibn-'Abd-al-Wahhāb Qazwīnī: Bīst Maqālihi Qazwīnī. 1. 2. Teheran 1332 [1953]. I 331.900.

Muḥammad Ḥusain Ḫān Šahrijār: Dīwān Šahrijār. Teheran 1314 [1936]. I 320.714.

Muḥammad Ḥusain Ibn Khalaf al-Tabrizi: Burhān-i ḳāṭi'. Ǵild 1. 2. Lucknow [o. J.]. II 340.468.

Muḥammad Ibn-'Abd-al-Wahhāb Qazwīnī: Notes to the Persian text of the Chahár maqála of Niẓámí-i-'Arūḍī. By Edward Granville Browne. 1921, in: Niẓāmī al-'Arūḍī: Čahār maqāla. I 131.048.

Muḥammad Ibn-'Abdūs al-Ǵahšijārī: Das Kitāb al-wuzarā' wa-l-kuttāb des Abū 'Abdallāh Muḥammad Ibn 'Abdūs al-Ǧahšiyārī. In Faks. hrsg. nach dem hs. Unikum d. Nat.-Bibl. in Wien cod. mixt. 916. . . . Hrsg.: Hans v. Mžik. Leipzig 1926. (Bibliothek arab. Historiker u. Geogr. 1.) II 196.048/1.

Muḥammad Ibn-Mūsā al-Ḫwārizmī: Die astronomischen Tafeln des Muḥammed Ibn Mūsā al-Khwārizmī in d. Bearb. des Maslama Ibn-Aḥmed al-Madjrīṭī u. d. lat. Übers. des Athelhard v. Bath. . . . hrsg. u. komm. v. H. Suter. Kobenhavn 1914. (Kgl. Danske Vidensk. Selskab Skrifter. 7, hist. fil. Afd. 3, 1.) II 196.136/R. 7, hist. fil. 3, 1.

—: Geometry. 1932, in: *Mishnat* ha middot. I 184.824/8, 2.

—: Das Kitāb Ṣūrat al-arḍ des Abū-Ǧa'far Muḥammad Ibn-Mūsā al-

Ḫuwārizmī. Hrsg. nach dem hs. Unikum d. Bibl. de l'Univ. . . . in Strassburg . . . v. Hans v. Mžik. Leipzig 1926. (Bibliothek arab. Historiker u. Geogr. 3.) II 196.048/3.

—: Robert of Chester's Latin transl. of the Algebra of al-Khowarizmi. . . . by Louis Charles Karpinski. New York 1915. (Contributions of the history of science. 1.) (Univ. of Michigan Studies. Hum. Ser. 11.)

Muḥammad Ibn-Sallām al-Ǵumaḥī: Tabaqāt aš-šu'arā, ta'līf. Leiden 1916. I 178.221.

Muḥammad Ibn Tūmart: Die Dschihād-Traditionen aus Ibn Tūmert's Kitāb und Muslim's Ṣaḥīḥ. Stambul 1331. Aus dem Arab. übers. v. Oskar Rescher. Stuttgart 1921. (Beiträge zur Dschihād Literatur. 3.) I 146.700.

Muḥammad Kāmil Ajjād: Die Bedingungen und Triebkräfte des geschichtlichen Geschehens in Ibn Ḫaldūns Geschichtslehre. (Teildr.) Stuttgart 1930. I 168.009.

Muḥammad Ramadānī: Mulla Naṣir-ad-Dīn. Tehran 1315 [1936]. I 331.635.

Muḥammad Ṣādiq Mūsawī Nāmī Iṣfahānī: Ta'rīḫ-i-gītī-gušā dar ta'rīḫ-i-ḫāndān-i-Zand. . . . Bi-tashih wa-muqaddama-i-Sa'īd Nafīsī. Teheran 1317 [1938]. I 320.542.

Muḥammad Tāhir Nasrābādī: Tadkira-i-Nasrābādī. [Hrsg.] Waḥid Dastgardī. Teheran 1316–1317 [1937–1938]. (Armaǵān. 17–19. Damīma.) I 320.540/17–19.

Muḥsin Faiḍ, Mullā: Dīwān-i-Aš'ār. Teheran 1348 [1929]. I 320.558.

Muḥsin Šams Mulk-Ārā: Dīwān. Ǵild 1. Teheran 1312 [1934]. I 330.339.

Mukrī, Muḥammad: Farhang fārsī. Ǵild 1. Tehran 1333 [1954]. I 331.748.

Musil, Alois: Im nördlichen Heǧāz. Vorbericht über die Forschungsreise 1910. Wien 1911. (Anzeiger d. phil.-hist. Kl. d. Kais. Akad. d. Wiss. 13, 1911.) I 331.974.

Nāṣir, Ḥasan: [Übers.], s. Hugo, Victor: Nutridām dū Pārī. Um 1920. I 330.325.

Nāṣir-ad-Dīn Šāh von Persien: The Diary of H. M. the Shah of Persia, during his tour through Europe in A. D. 1873. By James William Redhouse. . . . A verbatim transl. London 1874. I 320.728.

—: Kitāb Rūznāma safar Humayūnī Māzindirān. Teheran 1294 [1873]. I 330.338.

—: Musāfarat-nāma-i-Firangistān. Teheran 1295 [1876]. III 275.197.

NĀṢIR-I-ḪUSRAU: [Angebl. Verf.], s. *Kalām-i-pīr* ja'nī Kitāb-i-Haft bāb-i-Šāh Sajjid Nāṣir-i-Ḫusrau. 1935. I 269.592.

—: Kitāb-i-Zād al-musāfirīn. Berlin 1923. I 330.033.

—: Safarnāma-i-ḥakīm Nāṣir-i-Ḫusrau ba-inḍimām-i-Rūšanā'īnāma wa-Sa'ādatnāma. Berlin 1340–1341 [1922]. I 332.896.

NAṢR-ALLĀH FALSAFĪ: Ta'rīḫ-i-rawābiṭ-i-Īrān wa-Urūpā dar daura-i-ṣafawīja. Qismat 1. Teheran 1316 [1938]. I 330.034.

NAṢR-ALLĀH SURŪŠ: [Übers.], s. ḤĀLĪ: Ḥajāt-i-Sa'dī. 1937. I 330.210.

NATHUSIUS, ANNEMARIE VON: Im Auto durch Persien. Dresden 1926. I 279.440.

NICHOLSON, REYNOLD ALLEYNE: [Hrsg.], s. 'AṬṬĀR, FARĪD-AD-DĪN: Kitāb Taḏkirat al-aulijā'. 1905–1907. I 330.170.

—: [Übers.], s. ḤAMDALLĀH MUSTAUFĪ QAZWĪNĪ: Kitāb ta'rīḫ-i-guzīda. 1913. I 131.048/14, 2.

NICOLAS, J. B.: Dialogues persans-français. . . . Paris 1869. I 279.421.

NIEDERMAYER, OSKAR VON: Afghanistan. Bearb. v. Oskar v. Niedermayer u. Ernst Diez. Leipzig 1924. II 275.954.

NIETZSCHE, FRIEDRICH: Also sprach Zarathustra. Leipzig 1941. (Reclams Universal-Bibliothek. 7111–7113.) I 277.566.

NI'MAT-ALLĀH CARAME: [Übers.], s. AVICENNA: Metaphysices compendium an-Naǵāt. 1927. I 182.369.

NI'MAT-ALLĀH WALĪ: Hāḏā Dīwān-i-qudrat-wāmān-i- . . . Nūr-ad-Dīn Muḥammad Ni'mat-Allāh Walī. Teheran 1316 [1938]. I 269.841.

NI'MAT ḪĀN 'ĀLĪ: Dīwān. Lucknow 1881. I 332.857.

NIẒĀM-AD-DĪN MAḤMŪD: Dīwān-i al-bisah. Constantinople 1303 [1884]. I 332.893.

NIẒĀM-AD-DĪN ŠĀMĪ: Ta'rīḫ-i-futūḥāt-i-amīr-i-Tīmūr Kūrkān-i-ma'rūf bi-Ẓafarnāma bi-iṣlāḥāt wa-iḍāfātī ki dar Kitāb-i-Zubdat at-tawārīḫ-i-Bājsunġurī az muṣannifāt-i-Abdallāh Ibn-Luṭf-Allāh Ḥāfiẓ-i-Abrū jāfta mīšawad. Éd. crit. par Felix Tauer. Ǵild 1. Praha 1937. (Monografie archivu orientálního. 5, 1.) II 196.922/5, 1.

NIẒĀM-AL-MULK, ABŪ-'ALĪ ḤASAN IBN-'ALĪ: Siasset Namèh. Traité de gouvernement. Texte persan. Ed. par Charles Schefer. Suppl. Paris 1897. (Publ. de l'École des langues orientales vivantes. 3, 7.) II 176.175/3, 7.

—: Sijasat nama. Siyāsat Nāma of Abu 'Ali Hasan Ibn 'Ali Khwaja Nizām-al-Mulk . . . With notes . . . by . . . Muhammad Ibn Abdal-Wahhāb Qazwini. Tehran 1956. (Zabān wa farhang Īrān. 14.) I 332.860/14.

Niẓāmī: Ganǵīna-i-Ganǵawi jā. [Hrsg.] Waḥīd Dastgardī. Baẖš 1–3. Teheran 1318 [1939]. I 330.169.

—: Iqbālnāma jā Ḫiradnāma wa-šašumin daftar-i-maṯnawījāt. [Hrsg.] Waḥīd Dastgardī. Teheran 1317 [1938]. I 330.026.

—: Kitāb-i-Husrau wa-Šīrin. [Hrsg.] Waḥīd Dastgardī. Teheran 1313 [1934]. I 330.027.

—: Kitab-i-Haft paikar. Hrsg. v. Hellmut Ritter u. Jan Rypka. Praha 1934. (Československý Ústav orientální v Praze. Monografie archivu orientálního. 3.) II 196.922/3.

—: Maẖzan al-asrār. [Hrsg.] Waḥīd Dastgardī. Teheran 1313 [1934]. I 330.031.

—: Makhzan ul asrár, the treasury of secrets. Ed. by N. Bland. London 1844. Ir 20.

—: Nāma-i-Haft paikar. [Hrsg.] Waḥīd Dastgardī. Teheran 1315 [1936]. I 330.028.

—: Nāma-i-Lailā wa-Maǵnūn. [Hrsg.] Waḥīd Dastgardī. Teheran 1313 [1935]. I 330.025.

—: Šarafnāma. [Hrsg.] Waḥīd Dastgardī. Teheran 1316 [1937]. I 330.045.

—: Die sieben Geschichten der sieben Prinzessinnen. Aus dem Pers. verdeutscht. u. hrsg. v. Rudolf Gelpke. Zürich 1959. (Manesse Bibliothek d. Weltlit.) I 255.092.

—: The Sikandarnamah i Bahri. Calcutta 1852–1869. (Bibliotheca Indica. 16, 43. N.S. 171.) Ir 139.

Niẓāmī al-ʿArūḍī: Kitāb Čahār Maḳāla . . . taṣḥīḥ . . . Muḥammad Ibn ʿAbdʾl-Wahāb Qazwīnī. Berlin-Grunewald 1345 [1927]. II 340.673.

—: Revised translation of the Chahár maqála of Niẓámí-i-ʿArūḍī of Samarqand. Followed by an abridged transl. of Mirzá Muḥammad's notes to the Persian text. By Edward Granville Browne. London 1921. (E. J. W. Gibb memorial Ser. 11, 2.) I 131.048/11, 2.

Niẓāmī, Niẓām al-Dīn Abū Muḥammed Ilyās b. Yūsuf: Ḫamsa. Bombay 1328 [1910]. II 209.172.

—: Die Schöne vom Schlosse. Muhammed Nisameddin, dem Gendscher, nachgebildet v. Franz v. Erdmann, dem Ludwigsluster. Kasan 1832. II 209.173.

Noeldeke, Theodor: Geschichte des Artachsir i Pāpakān. Göttingen 1879. (Beiträge zur Kunde d. Indogermanischen Sprachen. 4.) Ir 712.

—: Persische Studien. 1. 2. Wien 1888–1892. (Sitzungsberichte d. Kais. Akad. d. Wiss. Phil.-hist. Kl. 116, 1. 126, 12.) Ir 290. Ir 630.

Noetscher, Friedrich: Altorientalischer und alttestamentlicher Auferstehungsglauben. Würzburg 1926. I 332.668.

Norden, Hermann: Persien wie es ist und war. Leipzig 1929. I 276.879.

Nūbaht: Šāhanšāh Pahlavī. 1. Teheran 1342–1343 [1923]. I 482.630.

Oeser, Hans Ludwig: Japan. Tradition u. Gegenwart. Stuttgart 1942. I 322.188.

Olearius, Adam: Neue persianische Reisebeschreibung. Schleszwig 1656. II 274.820.

Olivier, Guillaume Antoine: Reise durch Persien und Klein-Asien. Bd 1. 2. Leipzig 1808. I 276.885.

Osteuropa und Vorderasien. Grundlage: Stielers Handatlas. 1 : 3,000.000. 1. 2. Gotha [o. J.]. (Perthes Karten.) IV 447.570.

Payne, Robert: Persische Reise. Salzburg 1953. I 276.865.

Pāzārgād, Ḥusām-Zāda: Pīš-āhangī-i-Īrān. Teheran 1315 [1936]. I 330.030.

Pažmān Bahtjārī, H.: Bihtarīn aš'ār. Teheran 1313 [1934]. I 269.830.

—: Muḥākamah šā'ir. Tehran 1313 [1934]. I 321.975.

—: Zan-i-bīčāra. Teheran 1308 [1929]. I 321.908.

Persian plays. 3 Persian plays with literal Engl. transl. and vocabulary. By Alexander Rogers. London 1890. I 276.876.

Pertsch, Wilhelm: Die persischen Handschriften der herzoglichen Bibliothek zu Gotha. Wien 1859. Ir 289.

Platts, John T.: A grammar of the Persian language. P. 1. London 1894. I 89.758.

Polak, Jakob Eduard: Persien. Das Land u. seine Bewohner. Ethnograph. Schilderungen. Bd 1. 2. Leipzig 1865. I 276.863.

Poljak, Abram: Judenchristen im Heiligen Lande. Wien 1936. I 322.297.

Pretzl, Otto: Die Streitschrift des Gazali gegen die Ibahija. München 1933. (Sitzungsberichte d. Bayr. Akad. d. Wiss. Phil.-hist. Abt. 1933, 7.) Ir 296.

Publications de l'École des langues orientales vivantes. Vol. 3, Sér. 3, 7. 5, 11. 6, 2. Paris 1876–1926. II 176.175.

Pūr-i-Dā'ūd: Pūrānduht-nāma. Bombay 1928. (Pestonji D. Patel memorial Iranian Ser. 1.) I 330.869/1.

Qabūl Muḥammad, Maulavī: Haft Qulzam. 2. Aufl. Ǵild 1–7. Lakhnū 1308 [1891]. II 399.189.

QĀBŪS 'UNṢUR-AL-MU'ĀLĪ: Kitāb-i-naṣīḥatnāma-i-ma'rūf bi-Qābūs-nāma. Ta'līf-i-'Unṣur-al-Ma'ālī Kaīkā'us Ibn-Īskandar Ibn-Qabūs. Ba muqaddama wa-ḥawāšī bi-qalam-i-Sa'īd Nafīsī. Teheran 1312 [1933]. I 332.962.

Qānun-i madani. [O. O., o. J.] I 482.636.

QARĀĞADĀĞĪ, MUḤAMMAD ĞA'FAR: Neupersische Schauspiele. In pers. Texte, mit wörtlicher deutscher Übers., Anm. u. vollst. Wörterverzeichniss . . . hrsg. v. Adolf Wahrmund. H.1. Wien 1889. I 269.596.

QĀSEM, MŌLĀNĀ HAKĪM ABŪL: Dīwān 'Onṣorī. Tasnīf . . . Mōlānā Hakīm Abūl Qāsem almotaḫalles ben 'Onsorī. Surul Kahnu 1922. I 336.631.

QĀSIM AMĪN: Qāsim Emīn, taḥrīr el-mar'a. Über die Frauenemancipation. Aus dem Arab. übers. v. Oskar Rescher. Stuttgart 1928. I 190.936.

RĀĠIB RIFQĪ: Almanca-Türkçe küçük Lūgat. Ikinci tabi. Istanbul 1939. I 320.661.

RAḤĪMZĀDA ṢAFAWĪ: Tuḥfi-i-sāmī. [Hrsg.] Waḥīd Dastgardī. Tehran 1314 [1935]. I 331.634.

Rāhnumā-i-Dānišgāh-i-Tihrān. 1317–1318. Ǵild 1. 2. Teheran 1317–1318 [1938–1939]. I 269.778.

RASTORGUEVA, V. S.: A short Sketch of the grammar of Persian. Ed. by Herbert H. Paper. Bloomington 1964. (Publ. of the Indiana Univ. Research Center in Anthropology, Folklore, and Linguistics. 29.) II 301.216/29.

RĀZĪ, AMĪN AḤMAD: Haft-Iglūn, or the geographical and biographical encyclopedia of Amūn Aḥmad Rāzī. Ed. by E. Denison Ross and Manlavi 'Abdul Muğtadir. 1. 2. Calcutta 1918. (Bibliotheca Indica. N.S. 1335, 1. 2.) I 38.724.

RECKENDORF, HERMANN: Arabische Syntax. Heidelberg 1921. I 279.415.

REICHARDT, THOMAS: Der Islam vor den Toren. Unter Mitarb. v. Zaki Ali. Leipzig 1939. I 279.428.

REINER, JULIUS: Confucius. Der Weise von Lu. Berlin 1907. I 279.590.

—: Zarathustra. 2. Aufl. Berlin 1907. I 279.598.

Religionen orientalischen. — Die orientalischen Religionen. Von Edv. Lehmann u. a. Berlin 1906. MAO/034/R 382.

Revue de l'orient latin. Publ. . . . Charles Jean Melchior de Voqué et Charles Schefer. T. 1. Bruxelles 1964. II 301.543.

Rhode, Joseph Francis O.F.M.: The Arabic Versions of the Pentateuch in the church of Egypt. . . . Washington 1921. II 340.555.

Rhodokanakis, Nikolaus: Zum Siedlungswesen im alten Südarabien. Heidelberg 1929. (Wörter u. Sachen. 12.) II 399.192.

Riādī, 'Abdallāh: Aliktrīsītih wa mawārid isti'māl ān. Teheran 1319 [1940]. I 330.346.

Riḍā Ḳulī Ḫān: Mağma' al-fuṣaḥā'. Ǵild 1. 2. Teheran 1295 [1876]. III 275.237.

Riḍā Pāzūkī: Ta'rīḫ-i-Īrān az Muǵūl tā Afšārīja. Čap 1. Teheran 1316 [1938]. I 332.855.

Rida-Quli Ḫān Hidājat Tabari Lalabāšī: Relation de l'Ambassade au Kharezm. Publ., trad. et annoté par Charles Schefer. Texte persan. Paris 1876. (Publ. de l'École des langues orientales vivantes. 3.) II 176.175/3.

Ridā-Qulī Ibn-Muḥammad Hādī Hidājat: Kitāb-i- . . . Rijād al-'ārifīn. [Hrsg.] Mahdī-Qulī Hidājat. Čap 2. Teheran 1316 [1937]. I 330.171.

Rīpkā, Žān: Čand Ġazal tāzah. Az niẓāmī ganğa ay. Tihrān 1314 [1935]. I 332.895.

Rišta az intišārāt-i-maǵalla-i-adabi-i-Nasīm-i sabā. 15. Teheran 1316 [1937]. I 320.751.

Ritter, Helmut: Über die Bildersprache Niẓāmīs. Berlin 1927. Ir 295.

Roemer, Hans Robert: Der Niedergang Irans nach dem Tode Isma'ils des Grausamen 1577–1581. Würzburg 1939. I 279.420.

Romaskevič, A. A.: Persidsko-russkij slovar' k sovremennoj persidskoj presse v obrazcach. Vyp 1 i 2. Leningrad 1931. (Izdanie Leningradskogo Vostočnogo Inst. im A. S. Enukidze. 40.) I 333.963/40.

Rosen, Friedrich: Altpersische Legende über die Herkunft des Weines. 1933. Ir 644.

—: Persien in Wort und Bild. 1.–3. Taus. Berlin 1926. (Die Welt in Wort u. Bild. 3.) II 275.970/3.

—: Shumā fārsi härf mizänid? (Sprechen Sie Persisch?). Neupers. Sprachführer f. die Reise u. zum Selbstunterricht. 3., verb. Aufl. Berlin 1925. (Koch's Sprachführer. 19.) I 223.031/19.

Rosen, Fritz: Neupersischer Sprachführer. Leipzig 1890. Ir 230.

Rosen, Georg: Elementa Persica. Pers. Erzählungen mit kurzer Grammatik u. Gloss. Leipzig 1915. I 276.882.

Rosenberg, Alfred: Die Protokolle der Weisen von Zion und die jüdische Weltpolitik. München 1923. I 335.337.

—: Unmoral im Talmud. 45. Taus. München 1943. I 320.937.

RUDAKĪ, ĀBŪ 'ABDULLAH ĠAFAREBNE MOḤAMMĀD: Āhwāl wa ašar Ābū 'Abdullah Ġafarebne Moḥammād Rudakī Samarkāndī. Talīf . . . Sa'jīd Nafīsī. T. 3. Tehran 1940. I 326.594.

RUDELSBERGER-MOLTAN, H.: Persisch. Bonn 1902. (Polyglott Kuntze.) I 331.905.

RUECKERT, FRIEDRICH: Grammatik, Poetik und Rhetorik der Perser. Gotha 1874. Ir 286.

RŪNĪ ABŪ'L-FARĞ: Dīwān. Teheran 1304 [1925]. I 331.907.

RŪŠAN, AŠRAF: Fīzīk. Garmā. Tehran [um 1955]. I 331.906.

—: Mustafa Kemal über die Dardanellenkämpfe im Weltkriege. Graz 1933. I 191.254.

RUŽIĆKA-OSTOIĆ CAMILLA: Türkisch-deutsches Wörterbuch. Wien 1879. MAO/020tu/R 987.

SA'DAD-DĪN AL-WARĀWĪNĪ: [Übers.], s. MARZUBĀN IBN-RUSTAM IBN-SARWĪN: Kitāb-i-Marzubānnāma. 1909. I 131.048/8.

SA'DĪ, MUṢLIḤ-AD-DĪN: Badā'i'. Berlin 1304 [1925]. I 330.167.

—: Badāyi'. The Odes of Sheikh Muslihud-Din Sa'di Shirazi. Ed. and transl. by Lucas White King. With an introd. by R. A. Nicholson. Berlin [um 1925]. I 269.825.

—: The Bostan of Shaik Sa'adī of Shīrāz. . . . Calcutta 1882. I 330.168.

—: Le Boustān de Sa'dī. . . . publ. . . . par Ch. H. Graf. Vienne 1858. II 274.668.

—: Būstān-i-Sa'dī az rūj-i-qadīmtarīn nusḫahā-i-mauǵūd dar dunjā. [Hrsg.] Muḥammad 'Alī Furūġī. Teheran 1316 [1937]. I 269.824.

—: Der Fruchtgarten von Saadi. Aus dem Pers. auszugsweise übertr. durch Ottokar Maria Frh. v. Schlechta-Wssehrd. Wien 1852. I 47.568.

—: Gulistān. . . . Ed. autographique publ. par N. Semelet. Paris 1828. II 274.819.

—: do. [Hrsg.] John Platts. London 1874. I 330.347.

—: Gulistān ma'a farhang. Lakhnū 1306 [1889]. I 482.628.

—: Gulistān. Kairo 1289 [1910]. II 340.444.

—: do. [Hrsg.] Āqā-i-Muḥammad 'Alī Furūġī. Teheran 1316 [1937]. I 269.797.

—: Karīmā mutarǧim. Kanpur 1893. II 340.514.

—: Kitāb-i kulliyyāt-i Šaiḫ Muslihu'd-dīn Sa'dī Šīrāzī. . . . Bombay 1309 [1892]. II 399.182.

—: Kitāb-i-mustaṭāb-i-Gulistān. Berlin 1340 [1922]. I 330.205.

—: Kullījāt. Tabrīz [um 1885]. II 340.672.

—: do. [Hrsg.] Muḥammad Ga'far Manṣūr. Teheran 1317 [1939]. I 269.822.

—: Al-manẓumāt min kitāb al-ṣṣāhibīīat'l-šaiẖ Musliḥ-ad-Dīn Sa'dī al-Šīrāzī. Ḳad i 'tanā bitaṣḥīhihā wa naḳalhā . . . Wīlhilm Bāẖir. Strassburg 1879. I 323.093.

—: Moslicheddīn Sadi's Lustgarten (Bostan). Aus dem Pers. übers. v. Karl Heinrich Graf. Bd 1. 2. Jena 1850. I 320.556.

—: Muslicheddīn Sa'dī's Aphorismen und Sinngedichte. Zum ersten Male hrsg. u. übers. . . . v. Wilhelm Bacher. Strassburg 1879. I 320.213.

—: Myšłénky o vychování. Přeložili Jindř. Entlicher a Fr. J. Rypáček. V Brne 1902. I 499.999.

—: Persianisches Rosenthal . . . v. Adamo Oleario mit Zuziehung eines alten Persianers namens Hakwirdi übers., . . . u. mit vielen Kupfferstücken gezieret. Scheßwig 1654. II 5.331.

—: Rosarium politicum a Georgio Gentio versum et notis illustr. Amsterdam 1687. I 25.371.

—: Der Rosengarten des Scheikh Muslih-eddin Sa'di aus Schiras. Aus dem Pers. übers. v. G. H. I. Nesselmann. Berlin 1864. I 320.255.

—: Schich Sadi. Persisches Rosenthal. Nebst Locmans Fabeln. Neue verb. Aufl. Wittenberg 1775. I 189.358.

—: Tajebat, Gulistan, Bustan, Rubajat. Hrsg. v. Abdulrahim Schirasi. Teheran 1271 [1893]. II 239.993.

—: Tayyibāt. [Vorr.] Lucas White King. Calcutta 1918. II 274.840.

—: Translation and explanation of Saadi's Tayebat. . . . By Dinshah Fardunjī Mullā. 1. 2. Bombay 1895–1896. I 321.977.

Sa'dīnāma. [Hrsg.] Ḥabīb Jaġmā'ī. Teheran 1316 [1937]. (Ta'līm wa-tarbijat. Sāl 8, šumāra 11–12.) I 269.832/8, 11–12.

Saettler, F.: Deutsch-persisches Konversationswörterbuch nebst einem Abriß d. Formen- u. Satzlehre. Aus dem Nachlaß des Jakob Emil Polak. Wien 1914. (Die Kunst d. Polyglottie. 112.) I 115.139/112.

Safā, Ḏabīḥ Allāh: Tārīẖ ādabbījāt dar Īrān. Ǵild 1. Teheran 1335 [1956]. I 330.372.

Ṣāhib, Hakīm Muḥammad Ḥasan: Luġāt-i Šāh-Jahānī. Bohupal 1295 [1877]. I 482.629.

Sa'ib Tabrizi: Dīwān-i-Sa'ib. Lucknow 1919. I 331.633.

Šaibānī, 'Abd'l-Ḥusain: Tārīẖ 'umūmī qurūn wasṭī. Ǵild 1. 3. Teheran [um 1950]. I 332.897.

Sa'īd Nafīsī: Aḥwāl wa-aš'ār-i-Abū 'Abdallāh Ǵa'far Ibn-Muḥammad Rūdakī Samarqandī. Muǵallad 1. 2. Teheran 1309–1310 [1930–1931]. I 269.863.

—: Mağd-ad-Dīn hamgari Šīrāzī. Tehran 1314 [1935]. I 331.636.

Sajjid Ibn-'Ali al-Marṣafī: Kitāb Raġbat al-āmil min kitāb al-Kāmil. Tab'a 1. Ǵuz' 1–8. Kairo 1346–1348 [1927–1930]. I 204.600.

Salmāni Sāwağī: Kulliyāt. Tabriz [um 1895]. II 340.515.

Salsala intišārāt idārah rūznāma kāwah. 5. Berlin 1337 [1958]. I 331.904.

Sāmī, Šams: Qāmūsu firānsawī. Dictionnaire français-turc. 2. éd. Constantinople 1299 [1920]. I 323.085.

Šams-ad-Dīn, Muḥammad: Shams i Fachrīi Ispahānensis lexicon Persicum . . . ed. Carolus Salemann. Fasc. 1. Petersburg 1886. II 274.842.

Šams-i-Tabrīz: Dīwān. [O. O., um 1890]. [Angeb.:] Kullīyāt-i haīrat. Tehran 1892. I 332.859.

Šams'ul luġāt. [Hrsg.] Qaẕı 'Abdu'l Karīm. Ǵild 1. Bombay 1309 [1892]. II 399.183.

Sanā'ī, Abū'l-Maǵd Maǵdūd Ibn-Adam as: Dīwān. [O. O., o. J.] II 399.185.

—: The first book of the Ḥadīqatu'l-ḥaqīqat, or the enclosed garden of the truth. Ed. and transl. by J. Stephenson. Calcutta 1910. I 269.553.

—: Sair al-'ibād ilā'l-ma'ād-i Ḥakīm Sanā'ī Gaznawī. [Hrsg.] Ḥusain Kūhī Kirmānī. [Komm.] Sa'īd Nafīsī. Teheran 1316 [1937]. (Rišta az intišārāt-i-maǵalla-i-adabi-i-Nasīm-i-sabā. 15.) I 320.751/15.

Šarh-i Bustān. 1886, s. Gulhavī, Maulānā Muḥammad [Verf.]. II 399.186.

Šarq. [Hrsg.] Sa'īd Nafīsī. Daura 1, šumāra 1. Teheran 1309 [1931]. I 330.021.

Schacherl, Gustav: Mirchvand's Geschichte der Sasaniden. Aus dem Pers. übers. u. mit Anm. vers. Wien 1870–1871. (Progr. Wiener Neustadt, Obergymn.) I 499.999.

Schack, Adolf Friedrich von: Poesie und Kunst der Araber in Spanien und Sicilien. Bd 1. 2. Berlin 1865.

Schafheitlin, Adolf: Mahomet. Religiöses Drama in 5 Akten. Zürich 1892. I 325.463.

Schahrastāni Abu'l Fath' Muchammad Ebn Abdelcarim: Religionspartheien und Philosophenschulen. Zum ersten Mal vollst. aus dem Arab. übers. . . . v. Theodor Haarbrücker. Bd 1. 2. Halle 1850–1851. I 97.917.

Schlag nach über Iran, Afghanistan, Arabien und Indien. Hrsg. v. den Fachschriftleitungen des Bibliograph. Inst. Leipzig 1942. I 320.373.

SCHULTZE, MARTIN: Handbuch der persischen Sprache. Elbing 1863. I 276.866.

SCHULZ, WALTER PHILIPP: Länder und Menschen von Marokko bis Persien. München 1917. (Die Welt des Islam. 1.) II 274.827/1.

SCHWARZ, PAUL: Iran im Mittelalter nach den arabischen Geographen. 1. 5. 8. 9, 1. Leipzig 1896–1935. I 83.516.

SCHWARZLOSE, FRIEDRICH WILHELM: Die Waffen der alten Araber aus ihren Dichtern dargestellt. Leipzig 1886. I 279.442.

SELIGMANN, FRANZ ROMEO: Codex Vindobonensis sive medici Abu Mansur Muwaffak bin Ali Heratensis Liber fundamentorum pharmacologiae. . . . Textum ed. . . . Vindobonae 1859. I 131.346.

SEPAHBODY, M.: Vollständiges Deutsch-Persisches Wörterbuch. 1. Aufl. Teheran 1337 [1958]. I 320.360.

Series E. J. W. Gibb memorial. – E. J. W. Gibb memorial Series. Bd 8. 11, 2. 12. 14, 2. Leyden 1909–1921. I 131.048.

Series Marker. – P. D. Marker Avestan Series. 5. Bombay 1938. II 274.659.

ŠĪBĀNĪ, ABD-AL-HUSAĪN: Tārīẖ-i-ʿumūmī qurūn-i-wasta. Ǵild 2. Teheran 1314 [1935]. I 331.632.

ŠIBLĪ NUʿMĀNĪ: Šiʿr al-ʿAǵam. . . . Tarǵama-i-Āqā-i-Sajjid Muḥammad Taqī Faẖr Dāʿī Gīlānī. Čap 1, Ǵild 1. Teheran 1316 [1937]. I 269.866.

ŠIRWĀNĪ, AHMAD IBN-MUHAMMAD AL JAMANI-AŠ: Die Geschichten und Anekdoten aus Esch-Schirwani's „Nafhat el-Jemen". Nach den Drucken Kalkutta 1881 u. Cairo 1850. In gekürzter freier Wiedergabe . . . aus dem Arab. übers. v. Oskar Rescher. Stuttgart 1920. I 180.109.

ŠIRWĀNĪ, HĀǦĀNĪ: Tuḥfātʾl-ʿaraqīn. [O. O.] 1855. I 331.899.

SMILES, SAMUEL: Āẖlāq. Tāʾlīf Sāmūʾil Ismāylz. Tarǧamha Muḥammad Saʿīdī. Teheran [um 1950]. I 331.901.

–: Waẓīfah Tarǧamat A. Šaygān (Malāyzī). Tehran [um 1920]. I 323.097.

SMITH, FRANK: Traditional New Testament mistranslations corrected in the original New Testament of Frank Smith. Yonkers/N. Y. [um 1920]. I 322.349.

SPIEGEL, FRIEDRICH: Die altpersischen Keilinschriften. Leipzig 1862. Ir 121.

—: do. 2. Aufl. Leipzig 1881. Ir 122.

—: Chrestomathia Persica. Ed. et gloss. explanavit. Lipsiae 1846. I 276.883.

—: Commentar über das Avesta. Bd 1. 2. Wien 1864–1868. Ir 54.

—: Eranische Alterthumskunde. Bd 1–3. Leipzig 1871–1878. Ir 280.

—: Grammatik der Huzväresch-Sprache. Wien 1856. (Einleitung in die traditionellen Schriften d. Parsen. 1.) Ir 77.

—: Grammatik der Parsisprache. Leipzig 1851. Ir 93.

STEINGASS, F.: A comprehensive Persian-English Dictionary. . . . Being Johnson and Richardson's Persian, Arabic, and English dictionary. Rev., enl., and entirely reconstructed. London 1892. MAO/020pe/S 822.

—: do. 2. impr. London 1930. Ir 300.

STRATIL-SAUER, GUSTAV: Mesched. Leipzig 1937. I 279.427.

Studien in arabischen Dichtern. H. 2. Berlin 1894. I 330.206.

Studien malerische Persien. – Malerische Studien aus Persien, Ägypten, Türkei, Italien . . . Sammlung von 200 kolorierten Photogr. 12. Leipzig [um 1899]. IV 447.699.

SUHRĀB: Kitāb 'Aǵā'ib al-aqālīm as-sab'a ilā nihājat al-'imāra. [Hrsg.] Hans v. Mžik. Leipzig 1930. (Bibliothek arab. Historiker u. Geographen. 5.) II 196.048/5.

SŪR, 'ABD AR-RAḤĪM IBN AHMADI: Kašf al-luġāt. Ǵild 1. Lucknow [um 1900]. II 340.518.

SYKES, PERCY MOLESWORTH: Hašt sāl dar Īrān jā dah hazār mīl-i-sijar dar Kišwar-i-šāhanšāhī. Ǵild 1. 2. Isfahan 1315–1316 [1936–1937]. I 320.535.

ṮA'ĀLIBĪ ABŪ MANṢŪR ABDALMALIK IBN MUḤAMMED IBN ISMĀIL AṮ: Kitābu Fuq al luġati. [Hrsg. Louis Cheikho.] Beyrouth 1903. I 189.700.

—: Mangāba 'anhu'l muṭrib. 1. 2. Uppsala 1917–1918. II 195.063.

TAESCHNER, FRANZ: Geschichte der arabischen Welt. Heidelberg 1944. MAO/630/T 123.

ṬAḤĀWĪ, ABŪ-ǴA'FAR AṬ: Das Kitāb Aḏkār al-ḥuqūq wa'r-ruhūn aus dem al-ǧāmi' al-kabīr fī'š-šurūṭ des abū-Ǵa'far Aḥmad ibn-Muḥammad aṭ-Ṭaḥāwī, hrsg. v. Joseph Schacht. Heidelberg 1927. (Sitzungsberichte d. Heidelb. Akad. d. Wiss. Phil.-hist. Kl. 1926/27, 4.) I 181.048/1926/27, 4.

—: Kitāb aš-šuf'a min al-Ǵāmi' al-kabīr fī'š-šurūt li-Abī-Ǵa'far Aḥmad Ibn-Muḥammad aṭ-Ṭahāwī. Hrsg.: Joseph Schacht. Konstantinopel

1929. (Sitzungsberichte d. Heidelb. Akademie d. Wiss. Phil.-hist. Kl. 1929/30, 5.) I 181.048/1929/30, 5.

Ṭahmāsib I. Šāh: Die Denkwürdigkeiten des Šah Tahmasp I von Persien. Hrsg. v. Paul Horn 1. 2. Leipzig 1890–1891. (Zeitschrift d. Deutschen Morgenländischen Ges. 44. 45.) I 333.536.

—: Die Denkwürdigkeiten Schāh Tahmāsp's des Ersten von Persien (1515–1576). Straßburg 1891. I 276.881.

Ta'līm wa-tarbijat. Sāl 8, šumāra 11–12. Tehran 1316 [1937]. I 269.832.

Ta'līmāt mūsiqī. Berlin 1331 [1952]. II 340.675.

Taqī-Zāda, Ḥasan: Gāh-šumārī dar Īrān-i-qadīm. Teheran 1316 [1937]. I 330.208.

Tarbijat, Ġulām-'Alī: Farhang-i-ǵaibī-i-tarbijat. Ālmānī-fārsī. Teheran 1317 [1938]. I 320.371.

—: Farhang-i-tarbijat. Teheran 1315 [1937]. I 276.880.

Tarbijat, Muḥammad 'Alī: Dānišmandān-i-Āḏarbājǵan. Čap 1. Teheran 1314 [1935]. I 330.176.

Targum zum Buche Esther. Im vocalisierten Urtext . . . hrsg. v. Paulus Cassel. 2. Leipzig 1885. I 204.581.

Testamentum novum Arab. – Kitābu'l-'ahdi'l-ǧadīdi lirabbinā wa muḫalli-ṣinā iasū' 'l-masīḥi. Oxford 1871. II 274.968.

Testamentum vetus Hebr. – Sepher thorah nebi'jim. London [um 1852]. I 322.724.

—: do. Berlin 1917. MAO/410/T 342.

—: Die heiligen Schriften des Alten Testaments. Hebr. u. Deutsch. T. 1. Wien 1872. I 269.594/1.

Texts Persian historical. – Persian historical Texts. Vol. 3. 5. London 1905–1907. I 330.170.

Texts Princeton Oriental. – Princeton Oriental Texts. Vol. 5. Princeton 1938. II 199.032.

Tihrān Musawwar. Šumāra 669–695. Tehran 1335 [1956]. III 275.213.

Tomaschek, Wilhelm: Centralasiatische Studien. 1. 2. Wien 1877–1880. Ir 166.

—: Kritik der ältesten Nachrichten über den skythischen Norden. 1. 2. Wien 1888. (Sitzungsberichte d. Kais. Akad. Wien. Phil.-hist. Kl. 116, 5, 117, 1.) Ir 369.

Trinkler, Emil: Quer durch Afghanistan nach Indien. Berlin 1925. I 276.862.

'Ubaid-Allāh Ibn Ǵibrā'īl Ibn-Baḫtīšū': Ar-Rauḍa aṭ-ṭibbīja. [Hrsg.] Paul Sbath. Kairo 1927. I 202.486.

'UBAID-ALLĀH, IBN KAIS AR-RUḲAJJĀT: Der Dīwān des . . . Hrsg. u. m. Noten u. einer Einl. vers. v. Nikolaus Rhodokanakis. Wien 1902. I 144.292.

'UBAID ZĀKĀNĪ: Katze und Maus. Aus dem Pers. übertr. u. mit einem Nachw. vers. v. Herbert Wilhelm Duda. Salzburg 1947. I 256.469.

—: Kitāb-i muš wa gurba. Berlin [um 1920]. I 264.733.

'UMAR ḪAJJĀM: Die Lieder und Sprüche des Omar Chajjām. Verdeutscht v. Friedrich Bodenstedt. Breslau 1881. I 189.571.

—: Rubā'ījāt. Bi muqadama . . . wa šarḥ . . . Farīd Raḫ Rūzan. Berlin 1304 [1925]. I 323.094.

—: Rubā'ījāt 'Umar Ḫajjām. Teheran 1909. I 330.046.

—: Rubáiyát of 'Omar Khayyám, the astronomer-poet of Persia. Transl. into Engl. verse by Edward FitzGerald. London 1904. I 151.152.

—: Die Sinnsprüche Omars des Zeltmachers. Rubā'ījāt. Aus dem Pers. übertr. v. Friedrich Rosen. 5. verm. Aufl. Stuttgart 1922. I 152.272.

—: Sprüche des Omar Chajjam. Aus dem Pers. übertr. v. Maximilian Rudolph Schenck. Halle 1902. (Bibliothek d. Gesamtlit. des In- u. Auslandes. 1597. 1598.) I 135.027/1597–1598.

—: Strophen des Omar Chijam. Deutsch v. Adolf Friedrich Grafen v. Schack. Stuttgart 1902. (Cotta'sche Handbibliothek.) I 160.869.

VAMBERY, HERMANN: Reise in Mittelasien. 2. Aufl. Leipzig 1873. Ir 282.

VENJUKOV, MICHAIL IVANOVIČ: Die russisch-asiatischen Grenzlande. Leipzig 1874. I 279.446.

VIROLLEAUD, CHARLES: La Passion de l'Imam Hosseyn. Drame persan publ. et trad. Beyrouth 1927. I 269.557.

Vorderasien mit seinen Erdölgebieten. 1 : 4,000.000. Leipzig [um 1938]. (Velhagen & Klasings Karte.) IV 447.569.

VOSEN, CHRISTIAN HERMANN: Kurze Anleitung zum Erlernen d. hebräischen Sprache. Neu bearb. u. hrsg. v. Fr. Kaulen. 17. verb. u. verm. Aufl. Freiburg 1895. I 322.282.

—: do. 20. u. 21. Aufl. bearb. v. Jakob Schumacher. Freiburg 1914. I 269.110.

VULLERS, JOANNES AUGUSTUS: Lexicon Persico-Latinus. . . . Suppl.: Verborum linguae Persicae radices. Bonnae 1867. II 399.181.

WAGNER, MORITZ: Reise nach Persien und dem Lande der Kurden. Bd 1. 2. Leipzig 1852. I 276.870.

WAHRMUND, ADOLF: Praktische Grammatik der osmanisch-türkischen Sprache. Gießen 1869. MAO/800/W 137.

—: Praktisches Handbuch der neu-persischen Sprache. 2. verb. Aufl. nebst Schlüssel. Giessen 1898. I 279.437.

WANDELSLO, JOHANN ALBRECHT: Morgenländische Reysebeschreibung. . . . Hrsg. durch Adam Olearium. Schleszwig 1658. II 274.820.

WAṢṢĀFU'L-ḤAZRAT ŠARAFU'D-DĪN-ABDU'LLĀH: Tağziyatu'l-amsār wa tazğiyatu'l-aṣār. [O. O., um 1900]. II 399.179.

WAṬWĀṬ, IBN-MUḤAMMAD AL-: Kitāb-i-Ḥadā'iq as-siḥr fī daqā'iq aššiʿr. Ta'līf Rašīd-ad-Dīn Muḥammad 'Umrī Kātib-i-Balḫī ma'rūf bi-Waṭwaṭ. [Hrsg.] 'Abbās Iqbāl. Teheran 1308 [1930]. I 330.032.

WAZĪRĪ, 'ALĪNAQĪ: Dastūr-i-tār. Berlin-Charlottenburg 1331 [1952]. (Ta'līmāt mūsiqī. 1.) II 340.675/1.

WEGNER, ARMIN T.: Am Kreuzweg der Welten. Eine Reise vom Kaspischen Meer zum Nil. Berlin 1930. I 276.861.

WEHR, HANS: Arabisches Wörterbuch für die Schriftsprache der Gegenwart. 3., unveränd. Aufl. nebst. Suppl. Wiesbaden 1958. I 279.425.

Die Welt des Islam. Bd 1. München 1917. II 274.827.

WEST, E. W.: Glossary and index to the Pāzand text of the Mainyō-i-Khard. With the etymology of each word, and the equivalents used by the Sanskrit and Persian transl. . . . [O. O., um 1890]. I 204.580.

WICHMANN, ARTHUR: Bericht über eine im Jahre 1888—89 im Auftrage . . . ausgeführte Reise nach dem Indischen Archipel. T. 2. Leiden 1891. (Tijdschrift van het koninklijk nederlandsch aardrijkkundig genootschap.) I 330.662/2.

WILSON, J. CHRISTY: Ta'rīḫ-i-ṣanā'i-i-Īrān. Ta'līf G. Krīstī Wilson. [Übers.:] 'Abdallāh Farjād. Teheran 1317 [1938]. II 274.658.

WOLFF, FRITZ: Glossar zu Firdosis Schahaname. Festgabe des Deutschen Reiches zur Jahrtausendfeier für den pers. Dichterfürsten. Nebst Suppl. Berlin 1935. II 275.955.

Yasna Pers. — Jasnā. Tafsīr wa-ta'līf-i-Pūr-i-Dā'ūd. Ǵild 1. Bombay 1938. (P. D. Marker Avestan Ser. 5.) II 274.659/5.

Zabān Farhang Īrān. Tehran 1333 [1954]. I 332.860.

ẒAHĪR-I FĀRYĀBĪ, ABŪ'L-FAḌL TĀHIR IBN MUḤAMMED: Dīwān. Lucknow 1225 [1876]. I 332.936.

—: do. Tehran 1324 [1905]. II 340.466.

ZĀKĀNĪ, 'ABĪD MAWLĀNĀ: Muntaḫab laṭā'f. Berlin 1343 [1924]. I 323.088.

ZAMAḪŠARĪ, MAḤMŪD IBN 'UMAR AZ-: Maqāmāt. Abu-'l Qasim Maḥmud bin 'Umar al-Zamaḫšarī. Kairo 1312 [1894–1895]. I 204.599.

—: Samachscharii lexicon Arabicum Persicum ex cod. mss. Lipsiensibus, . . . ed. . . . Ioannes Godofredus Wetzstein. Leipzig 1843. II 274.868.

ZEIN-AD-DĪN ḲĀSIM IBN ḲUṬLŪBUGĀ: Tajatterachim fi tebiquot al hanefitin. Die Krone d. Lebensbeschreibungen, enthaltend die Klassen d. Hanefiten. Zum ersten Mal hrsg. . . . v. Gustav Flügel. Leipzig 1862. (Abhandlungen d. Deutschen Morgenländischen Ges. 2, 3.) I 191.330/2, 3.

ZITTEL, EMIL: Die Entstehung der Bibel. 5. verb. Aufl. Leipzig 1895. (Reclam's Universal-Bibliothek. 2836–2837.) I 277.615.

ẒUHŪRĪ, MULĀ NŪRUD'D-DĪN MUHAMMAD TĀḤĪR: Sāqi-nāma-i Ẓuhūrī. 3. Aufl. Kānpur 1890. II 399.178.

ŽUKOVSKIJ, VASILIJ ANDREEVIČ: Ali Auchadeddin Enveri. Materialy dlja ego biografij i charakteristiki. St. Petersburg 1883. I 333.964.

7. NAMEN- UND TITELREGISTER ZUM HANDSCHRIFTLICHEN NACHLASS

Die Namen und (Buch-)Titel erscheinen grundsätzlich in der von MELZER transkribierten Form. Zwecks Vereinheitlichung vorgenommene Veränderungen sind durch gegenseitige Verweise ausgewiesen (Ǧāmī → J̌āmī). Die Anordnung richtet sich nach dem lateinischen Alphabet ohne Berücksichtigung der diakritischen Zeichen; auf den arabischen Artikel al- wird in der Einordnung keine Rücksicht genommen. Die Zahlen entsprechen dem Numerus currens des handschriftlichen Nachlasses (Nr. **1–49**/4.1–4.2, 5.2), die (Buch-)Titel erscheinen in Kursivschrift. Bei Abweichungen der Transkriptionen vergleiche die Transkriptionstafel.

ʿAbdallāh bin Abd al-Madān **3**
ʿAbdallāh ibn J̌udʿān **3**, **5**
ʿAbdu'l-Laṭif-H̱ān Tanhā **42/1**
ʿAbdu'l-Vasi' Ǧabalī **42/1**
ʿAbdu'r-Razzāq **42/2**, **42/4**
Abū ʿAlī Miṣrī **40**/*e*
Abū ʿAlī Rūdbārī **40**/*e*
Abū ʿAlī Sīnā → Ibn i Sīnā
Abū Ḥafṣ i Suġdī **26/3**
Abu'l-ʿAlī ʿAtā b. Ya'qūb (bekannt als Nākūk) **25/B.***5*
Abu'l-Faiź i Fayyāźī **42/4**
Abu'l Faraǧ i Isfahānī **4/3**
Abu'l Faraǧ → Rūnī
Abu'l Ḥasan H̱araqānī → H̱araqānī
Abu'l-Maʿānī **42/4** (→ Bīdil)
Abu'l Mu'ayyad i Balḫī **26/3**
Abu'l Muẓaffar Ibrāhīm **42/4**
Abu'l Wafā H̱wārezmī **26/3**, **40**/*e*
Abū Saʿīd Abu'l H̱air **26/3**, **37**, **40**/*e*, **42/2**, **42/4**
Āḏarī i Ṭusī **40**/*e*
Adībatu'z-Zamān **14/2**
Adīb i Nišāpūrī **14/2**
Adīb i Pīšāvarī **14/2**

Adīb Ṣābir **42/1, 42/2, 42/4**
Adību'l Mamālik i Farahānī **14/2, 42/2**
Adību'l Mamālik Farihmand **14/2**
Adību's-Salṭana **14/2**
'Afāf **39/3**
Afsar **14/2**
Afšār **14/2**
Afšār, Minučihr **39/3**
Afźal i Kirmānī **42/4**
Āġāčī **42/2**
Aẖgar i Isfahānī **14/2**
Ahlī Šīrāzī **21, 42/2**
Ahlī i Turšīzī **21**
Aḥmad **14/2**
Aḥmadī **14/2, 39/2**
Aẖsīkatī **42/4**
Aẖtarī **25/B.**7
'Ā'iša **39/3**
Aka **39/3**
'Alawī, Bozurg **46**
'Alawī-i Ġaznawī → Sayyid Muḥammad ibn 'Alawī
Alexandr. Medizin **21** *(→ Tibe i Eskandarī)*
Al-Ḫansā **3, 5**
'Alī i Ḫusravānī **42/1**
'Am'aq **42/1, 42/2, 42/4**
'Amīd i Lūmakī **42/1**
Amīn Baliyānī **26/3, 40/***e*
Amīn e Rāzī **45**
Amīr Ḫusrau Dihlavī **21, 42/1, 42/2, 42/4**
Amīr Mu'izī → Mu'izī
Amīr šāhī **33, 42/2, 42/4**
'Ammāra **42/2**
'Amra b. Ḍuraid **5**
Anǰavī Šīrāzī **45**
Anṣārī **14/2, 42/2**
Anṣārī Harawī **26/3, 40/***e*, **42/4**
Anwarī, Auḥad ad-Dīn **36, 39/2, 42/1, 42/2, 42/4**
Anwār i Suhailī **42/4**
'Ārifī, Šamsu'd-Dīn Muḥammad **39/2**
'Ārif i Qazwīnī **42/2, 45, 47**

Aš'ār u Šu'arā **21** (→ *Dichter und Gedichte)*
Asadī (aṭ-)Ṭūsī **15**, **21**, **27**, **42/2**, **42/4**
'Asǧadī **42/1**, **42/2**, **42/4**
Asīr i Aumānī **42/4**
Asīrī, Mīrzā Ǧalāl **42/4**
Asīrī Lāhīǧī **40**/*e*, **42/4**
Asmā ibn Zinbā'des Hariṯī **3**
Ašraf **14/2**, **42/4** (Muḥammad Sa'īd)
Aṣ-Ṣimma **3**
Aštarī **14/2**
Āttābāy **29**
'Aṭṭār, Farīdu'd-Dīn **21**, **32**, **39/2**, **39/3**, **42/1**, **42/2**, **42/4**, **45**
'Aṭṭār i Tabrīzī **21**
'Aufī **21**
Auḥadu'd-Dīn Kirmānī / Auḥadī i Kirmānī **26/3**, **33**, **40**/*e*, **42/1**, **42/2**, **42/4**
Auḥadī i Marāġa'ī **26/3**, **40**/*e*, **42/1**, **42/2**, **42/4**
Auḥadu'd-Dīn Abu'l-Qais **42/4**
Aumānī **42/2**, **42/4**
Aurang **14/2**
'Āyaši i Samarqandī **42/3**
Āzād i Hamadānī **14/2**
Āzād i Isfahānī **14/2**
Āzād i Šīrāzī **14/2**
Āżarī **39/2**, **42/4**
Azraqī **42/2**

Bābā Afżal Kāšānī **42/2**, **42/3**, **42/4**
Baba Faġānī **42/2**, **42/3**, **43**
Badaḫšī **42/1**
Bahā'i Āmulī **42/2**
Bahār **42/2**
Bahār i 'Aǧam **42/1**
Bāḫarzī → Saifu'd-Dīn Bāḫarzī
Baihaqī / Beihaqī **45**
Bailaqānī → Muǧīru'd-Dīn i Bailaqānī
Bal'amī **45**
Baliyānī → Amīn Baliyani
Bāmdād **33**, **42/1**
Banā'ī, Maulānā **42/3**

Banū'l-Ḥāriṯ ibn Ka'b **3**
Banū Yarbū **3**
Bāqir i Kāšī **42/1**
Barzū-nāme **39/2**
Beihaqī → Baihaqī
Bericht über die Samanidenkönige **13**
Bīdil **42/2** (→ Abu'l Maʿānī)
Bīniš i Kašmīrī, Mullā **42/1**
Buch der arzneikundlichen Grundsätze **15/1–3** (→ *Kitābu'l-abniya . . .*)
Buch der Erleuchtung **23/4**
Bundār **42/2**
Busḥāq **42/1**
Buyazīd i Basṭāmī **40**/*e*

čahār maqāli
čatrang i mātikān **7** *(→ Die Geschichte des Schachspiels)*
Cheikho **3**

Daqīqī **39/1–2**, **42/2**
Darvīš Saqqā **42/1**
Davvānī **21**
Dawlatšāh / Doulatšāh **21**, **45**
Doḫtar i donyā **41/4**
Dehlavī → Amīr Ḫusrau Dihlavī
Dichter der Zeit Pahlavi **14/1–5** (→ Dīnšāh Īrānī)
Dichter und Gedichte **21** *(→ ašʿār u šuʿarā)*
Dīnšāh Īrānī **14**
Dīwān i Ḥāfiẓ **29**
Dīwān i Anwarī **36/1**
Dīwān i Šams i Tabrīzī **35/1**
Dīwān i Ḫāqānī **22**
Dīwān i Ǧāmī **17**
Ḍulfaqār **23**, **33**
Ḍuraid ibn aṣ-Ṣamma **3**, **4/1–3**, **5**
Der geheime Eid **19**

Enǧū **45** (→ Anǧavī Šīrāzī)
Eskandar i Monši **45**

Faiźi **42/2**
Faẖrī / Šams i Faẖrī **39/3, 42/1**
Faẖru'd-Dīn Kirmānī **42/3**
Faẖru'd-Dīn i Marvarūdī **42/1**
Falakī **42/1, 42/2, 42/4**
Farahānī **42/1**
Farhād Mīrzā Qāǧār **28**
Farhang e Ǧahāngīrī **45**
Farīdu'd-Dīn i Aḥvāl **42/4**
Farruẖi **23/3, 40/b, 42/1, 42/2, 42/4**
Fatuwatname **41/5**
Faźā'il-i Buẖārā **39/2**
Fadā'ī i Ḫurāsānī **42/1**
Firdausī **10/1–5, 32, 39/3, 42/1, 42/2, 42/4**
Furūǧī **38/4**
Furūǧī **42/2**

Ǧabalī **42/4**
Ǧalabī **42/2**
Ǧalāl Pūr e Fatḥ-'Alī-Šāh **45**
Ǧalāl'ad-Dīn Rūmī → Rūmī
Ǧāmī, Maulānā Nūru'd-Dīn 'Abdu'r-Raḥmān → Ǧāmī
Ġanī, Mullā Ṭāhir **42/1, 42/2**
Garšāsp-nāme **27**
Ġazzālī Ṭūsī, Aḥmad **26/3, 40/e, 42/4, 45**
Ġazzālī Mašhadī **21**
Die Geschichte der Sarbadār **12/2** *(→ tārīẖ i sarbadārān)*
Die Geschichte des Schachspiels **7**
Die Geschichte von Zarēr **8**
Gulšan i Rāz **44**
al-Ǧurǧānī **39/2**
Ǧuwainī → Ǧuwainī

Ḥadā'iqu's-Siḥr **42/4**
Ḥadiqatu'l Ḥaqīqa **32**
Die Lieder des Hafiz (Diwan) **29**
Ḥāfiẓ **29, 42/1–2, 42/4, 43**
Ḥāfiz e Abrū **45**
Ḥaime šab-bāzī **41/7**

Ḥāǧī Bābā **32**
H̱ākī i H̱urāsānī **42/2**
Hamgar **39/2**, **42/2**, **42/4**
Ḥamīdī **42/2**, **42/4**
Ḥanẓala **42/2**
H̱āqānī **21**, **22**, **39/2**, **40/***d*, **40/***f*, **42/2–4**
H̱arad-nāme **30**
al H̱araqānī, Abu'l Ḥasan **40/***e*, **41/2**, **42/2**, **42/4**
Ḥasan i Yazdī **42/3**
Ḥasan i Ġaznavī, Sayyed **42/1**
Hātif **42/2**
Hidāyat, Riẓā Qulīḫān (Lālābāšī) **26**, **33**, **45**
Hedāyat, Ṣādiq **45**, **46**
Hilālī **42/1–2**
Humām **42/2**
Humāmu'd-Dīn i Tabrīzī **42/4**
Ḥusain Bāiqarā, Sulṭān **42/1**
Ḥusain Beg H̱urūsī **33**
Ḥusain Kāšī **41/5**
H̱usrau u Šīrīn **30**
H̱usravānī **42/2**
H̱usravī **42/2**
H̱wāǧū Kirmānī **21**, **42/2** (H^{v}āǧū), **42/4**
H̱wāndamīr, Ġiyāṯ ad-Dīn ibn Humām ad-Dīn **12/1–2**, **45**

Ibn Sīnā **33**, **42/3** (Abū 'Alī Sīnā)
Ibn i Yamīn **42/1**, **42/4**
Ibrāhīm Ordūbādī **40/***e*, **42/4** (~ Ardūbādī)
Ibrāhīm Badaḫšānī **40/***e*
Ibrāhīm Bayk **32**
'Iffat **39/3**
'Iffatī **39/3**
'Imād i Šahryārī **42/2**, **42/4**
Imāmī **42/2**, **42/4**
Īraǧ **14/2**
Īrānī → Dīnšāh i Īrānī
'Irāqī **42/1**, **42/2**, **42/4**
'Iṣmat **39/3**
'Iyāḍ aṭ-Ṭa'labī **3**, **5**
Īzadī **14/2**, **42/1** (~ Yazdī)

J̌alāl ad-Dīn Rūmī → Rūmī
J̌āmī, Aḥmad **26/3**, **42/4**
J̌amī, Nuru'd-Dīn **17**, **21**, **33**, **39/2**, **40**/*e*, **42/2**, **45**
J̌uwainī, Sa'īd ad-Dīn **26/3**

Kai Kā'ūs **45**
Kalīm, Abū Ṭālib **42/1–2**
Kamāl i Ḫuǧandī **42/1–2**, **42/4**
Kamāl Ismā'īl **42/1–4**
Kamar **39/3**
Kāšānī, Bāqir **33**
Kāšifī **39/2**
Kasravī ye Tabrīzī **45**
Kātibī **42/1–2**
Khāqānī → Ḫāqānī
Kisā'ī / Kasā'ī **33**, **39/2**, **42/2**
Kitāb i nūru'l-'ulūm **41/2**
Kitāb šu'ara an-nasrāniya **3**
Kitābu'l-abniya 'an haqā'iqi'l-adwiya **15/1–3**
Kitābu'l aġānī **4/3**, **5**
Kraftwagen oder Gesundheit **19**

Lailā u Maǧnūn **30**
Lālābāšī → Hidāyat, Riẕā Qulīḫān
Lāle Ḫātūn **39/3**
Lisānī **42/2**
Luṭf 'Alībaig **21**, **45** (~ Āżar)
Lu'bat-bāzī **41/5**

Maġrebī Tabrīzī **21**, **42/2**, **42/4**
Maḫfī **39/3**, **42/3**
Mahistī / Mahsitī **33**, **42/2**, **42/4**
Maǧma'ul-Fuṣaḥā **26/3**
Malaṭyavī, Ġāzī **45**
Mālik ibn aṣ-Ṣamma **3**
Manǧīk aus Tirmiḏ **33**
Manṭiqu'l-Ṭair **32**
Manūčihrī / Minūčihrī **39/2**, **42/2**, **42/4**
Marwī **42/3**
Marzbān-nāme **45**
Masīḥ Kāšī **42/1**

Mas'ūd i Sa'd i Salmān **21**, **25**, **42/2**, **42/4**
Mastūra **39/3**
Maṯnawī Ma'nawī **35/2 A**
Maulānā Banā'ī → Banā'ī
Maulānā → Rūmī
Maulānā J̌alāl ad-Dīn Rūmī → Rūmī
Maulānā Lisānī **21**
Maulānā Luṭfu'l-lāh **39/2**
Mihrī **39/3**
Mīr Ḫusrau **33**
Mīrḫwand **13**, **45**
Mīr Naǧāt **42/1**
Miyān Nāṣir i 'Alī **42/1**
Mu'āwiya ibn 'Amr ibn aš-Šarīd **3**
Muǧīru'd-Dīn i Bailaqānī **42/1**, **42/2**, **42/4**
Muḥammad ibn Ḥasan b. Isfandyār **39**
Muḥammad i Hibelrūdī **39/3**
Muḥammad Qulī Salīm **33**, **42/1**
Muḥsan Ta'śīr **42/1**
Muḫtārī (→ 'Oṯmān i Muḫtārī) **42/1–2**, **42/4**
Muḥtašim **42/1–2**
Mu'izz Fitrat **42/1**
Mu'izzī, Amīr 'Abdu'l-lāh Muḥammad **11**/*a–b*, **25/B** *9*, **26/3**, **33**, **42/1–2**, **42/4**
Mullā Qāsim i Mašhadī **42/1**
Mullā i Rūm → Rūmī
Mullā Šānī i Tekelū **42/1**
Mullā Tuġrā i Mašhadī **28**
Mullā Zakī Nadīm **42/1**
Mu'min Husain i Yazdī **39/3**
Mustaufī, Ahmad **39/2**, **45**
Muvaffaq, Abū Manṣūr b. 'Alī Harawī **15**

Nafīsī, Sa'īd **45**
Naišāpūrī → Razī'ad-Dīn i Naišāpūrī
Nākūk **25/B** *5* (→ Abu'l 'Alī 'Aṭā b. Ya'qūb)
Nāme ye Ḫosravān **45**
Nāmī **45**
Nasīm **42/1**
Nāṣir / ~ i Buḫārī **42/1**, **39/2**

Nāṣir i Ḫusrau, Abū Mu'īn ad-Dīn **23/1–5**, **39/2**, **42/2**, **42/4**, **45**
Naẓāmī i Haravī, Mīr Muḥammad **42/1**
Naẓīrī i Nišāpūrī, Mullā **42/1**
Ni'mat Ḫān 'Alī **42/1–2**
Ni'matu'l-lāh **42/2**, **42/4**
Niẓāmī, Īlyās b. Yūsuf **21**, **30**, **42/1–2**, **42/4**
Niẓāmī 'Arūzī **21**, **32**, **39/3**, **45**
Niẓām al-Mulk, Abū 'Alī Ḥasan ibn 'Alī Ḫwāga **16/1–2**, **39/2**, **45**
Nizārī, Hakīm **42/1**, **42/2** (~ i Quhistānī), **42/4**
Naẓīrī **42/2**
Nūr Ğihān **39/2–3**
Nūš **39/3**

'Obeid e Zākānī → 'Ubaid i Zākānī
'Omar Ḫayyām → 'Umar i Ḫayyām
'Oṯmān i Muḫtārī von Ġazna **25/B** *6*

Pahlavān Kačal **41/6**
Paiğū Malik **42/1**
Parto, D. S. **46**
Pīrniyā, Ḥasan **45**
Pūr e Dā'ūd / Dāwūd **45**
Pūr Bahā **33**, **42/1** (~ i Ğāmī), **42/2**, **42/4**

Qā'ānī **21**, **42/1–3**, **45**
Qābūsnāme **32**, **45**
Qanbar i Nišāpūrī **42/1**
Qarā Bogay **39/2**
Qasīde zarrīye min kalām-i Ḫākī **41/3**
Qāsimu'l-anwār **42/2**
Qatrān **42/2**, **42/4**
Qazwīnī, Muḥammad **45**
Qutb'ad-Dīn (Onsī Gunābādī) **40**/*e*

Rabābnāme **39/3**
Rābi'a **42/2**
Rafī', Ḥasan Bēg **42/1**
Ramaźānī, Muḥammad **45**
Rašīda'd-Dīn **21**, **45**
Rašīdī i Samarqandī **25/B** *2*, **25/B** *3*
Rašīd i Yāsamī → Yāsamī

Rašīdu'd-Dīn Vatvāt / Watwāt **42/1–2**, **42/4**
Raźi'ad-Dīn i Naišābūrī **33**
Raźiu'd-Dīn 'Alī **39/2**
Risāle i āwāz i par i Ğibra'īl **41/1**
Rūdagi / Rūdaki **21**, **24**, **33**, **42/2**
Ruknā i Kāšānī **42/1–2**
Ruknu'd-Dīn **42/1**
Rūmī, Mawlānā J̌alāl ad-Dīn **35**, **39/3**, **42/1–2**, **42/4**, **43**
Rūnī / Abu'l Faraǰ i Rūnī **25/B** *1*, **33**, **42/2**, **42/4**
Rušanā'ī-nāme (Buch der Erleuchtung) **23/4**
Sa'ādat-nāme **23/1**
Ṣābir → Adīb Ṣābir
Šabistarī, Muḥammad **45**
Sa'dī, Šaiḫ Abū-'Abdi'l-lāh Mušarrif(u'd-Dīn) **21**, **33**, **38/1–4**, **39/2**, **42/1–4**, **45**
Sa'd i Salmān → Mas'ūd i Sa'd i Salmān
Šafā'ī **42/3**
Safāratnāme i Hwārazm **26/1–2**
Safarnāme **23/1–2**, **23/4–5**
Ṣāfī, 'Alī **39/2**
Šafi 'Aśar **42/4**
Šağarī **19**
Saḥāb **42/2**
Šāhid **42/2**
Šahryār **33**
Ṣā'ib **33**, **42/1–2**
Šaibānī **33**, **42/2**
Saifī Badi'ī **42/1**
Saifī Bāḫarzī / Saif ad-Dīn Bāḫarzī **26/3**, **42/2**, **42/4**
Saifu'd-Dīn i Isfarangī **42/1**
Salam ibn Ḍuraid **3**, **5**
Sālik i Qazwīnī **42/1**
Sālik i Yazdī **42/1**
Salīm → Muḥammad Qulī Salīm
Salmān i Sāwuǰī **33**, **39/2**, **40**/*c*, **42/1–2**, **42/4**
Šams i Faḫrī **21**, **32**
Šamsu'l Mu'ālī **21**
Sanā'ī i Ġaznawī **25/B** *8*, **42/1–2**, **42/4**
Sanğar i Kāšī **42/1**
Šarafnāme **30**

Šarafu'd-Dīn Šufurvā **42/2**, **42/4**
Šarīf Ḥusain **21**
Šarīf Murtaźā **39/2**
Šaukat, Muḥammad Isḥāq **42/1**
Sayyid Muḥammad b. ʿAlawī i Ġaznawī **25/B** *4*
Schāhnāme **10/1–2**, **10/4–5**, **32**, **39/1**
Šehāb ad-Dīn **45**
Šiḥne ye Māzandarānī **42/1**
Sirāǧu'd-Dīn i Rāǧī **42/1**
Sirāǧu'd-Dīn i Sagzī **42/1**
Sirāǧu'l-Muḥaqqaqīn, Ǧanāb **42/1**
Siyāsat-nāme **16/1**
Siyāḥat-nāme **32**
Der Stadtbettler **19**
Subḥānī **42/1**
Šuǧāʿud-Dīn i Isfahānī **42/1**
Suḫanwarān-i daure-i Pahlavī **14/1–5** *(→ Dichter der Zeit Pahlavi)*
Suheilī Ḫvānsārī **45**
Suhrawardī, Šaiḫ Šahāb ad-Dīn **41**
Sulṭān Owais **39/2**
Sulṭān Saʿīd Muḥammad b. Malikšāh **16/2**
Sulṭān Ṭuġrul-i Salǧūqī **28**
Sulṭān Walad **39/3**
Suzanī **42/2**, **42/4**

Taḏkiratu'l ʿUliyā **32**
Tāǧu'l Muʿāśśir **42/1**
Tāǧu'd-Daule **39/3**
Ṭāhir b. ʿAlī b. Muškān, Ṭiqatu'l Mulk **25/B** *10*
Ṭahmāsp **45**
Ṭālib ʿĀmulī **28**
Taqīzāde **45**
Tārīḫ i Āl-i Barmak **34/2**
Tārīḫ ḥayāt-i ʿĀrif **47**
Tārīḫ i Sarbadārān **12/2** *(→ Die Geschichte der Sarbadār)*
Tārīḫ i Tabaristān **12/1**, **39**
Ṭibe Sikandarī **21**
Tschechow, A. **19**

ʿUbaid i Zākānī **42/1–2**, **42/4**, **45**
Über den Safawidenstaat **32**

Ulfat **14/2**
Onsī Gunābādī → Qutb ad-Dīn
'Ulamā-i Islām **21**
'Umar i Ḫayyām **42/2, 42/4**
Ummīdī **42/4**
Umm Ma'bad **5**
'Unṣurī, Abu'l Qāsim Ḥasan **23/3, 31, 33, 42/1–2, 42/4**
'Urfī Šīrāzī **21, 42/1–2**

Vahīd, Mīrzā Ṭāhir **42/1**
Vahšī **42/1–2**
Vaqār **42/1**
Varāvīnī **45**
Vaṣṣāf **45**
Vatvāt → Rašīdu'd-Dīn /
Versuch über das Mittelpersische **6**
Viṣāl **42/2**

Wahšī → Vahšī
Wajh-i Dīn **23/3**
Waqār → Vaqār
Watwāt → Vatvāt / → Rašīdu'd-Dīn /
Die Wette **19**
White, Max **19**
Eine kalte Winternacht **19**

Yaġmā **42/2**
Yaḥyā i Kāšī **42/1**
Yāsamī, Rašīd **45**
Yazīd ibn 'Abd al-Madān **3**
Yūsafī Ṭabīb **42/1**

Ẓafarnāme **34/1**
Zaǧǧāǧī **42/1**
Ẓahīr Fāryābī **23/3, 28, 39/2, 42/2, 42/4**
Zakī Šīrāzī **26/3**
Zein ol 'Ābedīn aus Marāġe **45**
Zīnatu'l-Nasā **42/3**
Ẓiyā **39/3**
Ẓuhūrī i Turšīzī **42/2**
Zulālī **42/1–2**
Żu'l-Faqār **42/1–2**

7.1. TRANSKRIPTIONSTABELLE

ġ	غ	′ / ` / ’ / ‘ / '	ء / ا ع / ع
f	ف	ā	آ
q	ق	a	ا
k	ك	b	ب
g	گ	p	پ
l	ل	t	ت
m	م	ś / ṯ /	ث
n	ن	ğ / J̌ ǰ	ج
v / w / o	و	č	چ
h	ه	ḥ	ح
y / i / ī	ى	ẖ / x	خ
		d	د
i / e	ـِ	ż / ḏ / th /	ذ
ē	ـِه / ـِي / اِى	r	ر
ī / ai	ـِيـ / اِيـ	z	ز
o	ـُ	ž	ژ
ō	اُ	s	س
ū	او	š / ch	ش
u	و	s̱ / ṣ	ص
ou	او	ź / ẕ	ض
au	آو	ṭ	ط
		ẓ	ظ

8. ABBILDUNGEN

[Pahlavi] ōstarak Strohmatte, np. استره / اوستره (Gh/72)
[Pahlavi] x^vēšīh Eigentum (MhD 5/16; 55/4)
[Pahlavi] x^vēškārīh Pflichterfüllung (Dk A 344/2)
[Pahlavi] hanpēč ~~Stoff~~ Arsenal (AyGA 12)
[Pahlavi] huspāram N. des 17. Monat (Gh 166, 130)
2 + [Pahlavi] x^vastan mit Füßen treten; dreschen; und (Bartholomae Wien Mitt. 2/27)
4 + [Pahlavi] hu-dītak schön von Ansehen; schön angeschaut; + [illegible] +
[Pahlavi] x^vastuk anerkannt (MhD 14/12)
[Pahlavi] ān dort; jenes, dieses ff np. آن (Gh 80), - [Pahlavi] ān i dort, dein, dort (AyGA 38)
[Pahlavi] ō bezeichnet den Akk. + [illegible] + (Pd.)

[Pahlavi] -ān Endg. des Plz.

1 + [Pahlavi] a-vänās sündlos; vgl. np. گناه Sünde (Gh 77) schuldlos + (AAD 1/7); 2. Ps. m. [Pahlavi]
[Pahlavi] humiyākar Wohltäter (Wiss. WZKM 17/54) (AyGA 61 unschuldig (MhD 101/6)
* + [Pahlavi] / [Pahlavi]
[Pahlavi] xūnāhīn blutfarbig; rot ("471)
3 + [Pahlavi] anōy hier; in dieser Welt (Gh 81)

[Pahlavi] xūn-āhēn [l. [Pahlavi]] Rubin, Edelstein (Justi Bdh.); Stoff; „Blutstein"; scheint verschr. aus [Pahlavi]
(Fr. Müller WZKM 7/284) f. [Pahlavi]

غلیظ را لطیف گرداند / 125/17 In verdünnter

و رطوبت ببریند / و در باه — u. nimmt die Feuchtigkeit u. vermehrt den Geschlechtstrieb

بیفزاید / و همه — u. nützt allen kalten u. feuchten Krankheiten

علتهای سرد و تر را سود 125/18

کند / و ذکر را قوی گرداند چون — u. stärkt das Glied, wenn man ihn mit weichgekochtem Ei verzehrt.

با خایهٔ نیم

26.3.1939

پخته بخورند / 126/1

دادی — <u>Johanniskraut</u> (Hypericum).

دادی سرد و خشک است اندر — Das J. ist kalt u. trocken am Ende des 1. Grades.

آخر درجهٔ اوّل /

و چون دو درمسنگ ازو با 126/2 Und wenn man ~~einen~~ die 2 Dirhams Gewicht davon mit

از میافارقین تا حلب — Von Mayafarikin nach Haleb
صد — sind 100
فرسنگ باشد / — 14/p Wegstunden.
حلب را شهرِ نیکو — Haleb sah ich als schöne
دیدم / — Stadt
باره‌ای — Es hat eine
عظیم دارد / — 14/10 mächtige Mauer.
ارتفاعش بیست و پنج — Ihre Höhe (Spitze) maß ich [mit] 25
ارش قیاس کردم / — Ellen
و قلعه‌ای — und eine (bedeutende) Festung
عظیم همه بر سنگ — 14/11 ganz und auf Stein
نهاده بقیاس چند — angelegt von mehrfachem Umfang
بلخ باشد / — Balchs ist [26].

رودکی

22.

– – ‿ ‿ | – ‿ – ‿ | – – ‿ ‿ –

RT بگوشت آید یکبار

	ور سخن او رسد بگوش تو یک راه ،	51. Und wenn einmal seine Rede an dein Ohr gelangt,
٥١	سعد شود مر ترا نحوست گیواه ،	wird zum Glück dir die üble Vorbedeutung des Raben (?),
	ورت	
	ورش بصدر اندرون نشسته ببینی ،	52. Und wenn du ihn im Vorsitz [Ehrensitz (?)] sitzen siehst,
٥٢	جزم بگوئی که زنده گشت سلیمان ،	sprichst du die Entscheidung: „Salomon ist lebendig geworden."
	R جرم	
	خرم	

48.

— — ∪ ∪ — | — ∪ ∪ — | — | — ∪ ∪ — —

در کنج دماغم مطلب جای نصیحت
7. Auch in den Winkeln meines Gehirns keinen Platz für guten Rat,

کین حجره پر از زمزمهٔ چنگ و ربابست
denn dieser Raum ist voll vom Getön von Laute u. Geigen!

راه تو چه راهیست که از غایت تعظیم
8. Was für ein Weg ist dein der Weg zu dir, daß infolge der größten Hochachtung

دریای محیط فلکش عین سرابست
همچو حبابست
das umfassende Meer des Himmels für ihn wie eine Blase der Trugbild der+ Luftspiegelung ist.

+ oder: die reinste.

جلال الدین رومی

45.

کجاست تاجر مسعود مشتری طالع
که گرم دار منش باشم و خریداری ١١

11. Wo ist der Beglückte, unter dem Jupiter geborene Kaufmann,
daß ich für ihn ein eifriger Geschäftspartner u. ein Käufer sei.

بیا و فترت من بین که فترتت دادم (بیاد / دارم)
چو لعل می خری از کان من بخرباری ١٢ (خر)

12. Komm u. denke an mich, der dir die Denkfähigkeit gab,
wenn du von meinem Schachte Rubine kaufst in einer Schale Ladung!

بیا و جانب آنکس برو که پایت داد
بدو نگر بدو دیده که داد دیداری ١٣

13. Komm u. geh zu jenem, der dir die Füße gab!
Blick mit beiden Augen auf ihn,
der einen Gesichtssinn gab. (N. ein Auge)

دو کف بشادی او زن که کف زیبر ویست
که نیست شادی اورا غمی و تیماری ١٤

14. Klatsche mit beiden Händen zur Freude dessen, denn sie ist schon seines Wesens, denn für seine Freude gibt es keinen Kummer u. keine Sorge!

تو ای در گوش بشنو بی زبان همو با او
که نیست گفت زبان بی خلاف و آزاری ١٥

15. Du hörst ohne Ohr, sprich mit ihm ohne Zunge,
denn das Sprechen der Zunge ist nicht ohne einen Widerspruch u. eine Kränkung!

11. 11. 1948.

اغتنام فرصت ~ Ausnützung der Gelegenheit

اغذاء+ Fütterung

اغذيه+ Plz. von غذا+

Speisen

اغراء+ Anreizung

Erregung

2. Überredung

ـ ~ 1. anreizen

erregen

2. überreden

اغراض+ Plz. von غرض+

Absichten

Beweggründe

اغراق+ 1. Übertreibung

2. Ertränkung

Ersäufung

ـ ~ übertreiben

تفنن ~ [illegible]

اغراق آميز übertreibend

übertrieben

اغراقلو übertreibend

اغراقجوئى Übertreibung